西北大学双一流建设项目
Sponsored by First-class Universities and Academic Programs of Northwest University
教育部人文社会科学研究西部和边疆地区项目（21XJA910001）
陕西省社会科学基金项目（2019D054）
陕西省教育厅2021年度重点科学研究计划新型智库项目（人文社科类）（21JT042）

西北大学经济管理学院博士文库

THE EVOLUTION LAW OF CRUDE OIL MARKET

原油市场演化规律研究

本书关注国际油价的变化起因及其波动带给中国经济的影响问题，全方位分析原油市场的动态演化趋势。

田洪志◎著

中国经济出版社
CHINA ECONOMIC PUBLISHING HOUSE
北京

图书在版编目（CIP）数据

原油市场演化规律研究／田洪志著. -- 北京：中国经济出版社，2021.11
ISBN 978-7-5136-6763-0

Ⅰ.①原… Ⅱ.①田… Ⅲ.①原油-石油市场-国际市场-研究 Ⅳ.①F416.22

中国版本图书馆 CIP 数据核字（2021）第 251999 号

责任编辑　贺　静
责任印制　巢新强
封面设计　华子设计

出版发行	中国经济出版社	
印 刷 者	北京柏力行彩印有限公司	
经 销 者	各地新华书店	
开　　本	710mm×1000mm　1/16	
印　　张	11.25	
字　　数	184 千字	
版　　次	2021 年 11 月第 1 版	
印　　次	2021 年 11 月第 1 次	
定　　价	69.00 元	

广告经营许可证　京西工商广字第 8179 号

中国经济出版社 网址 www.economyph.com 社址 北京市东城区安定门外大街 58 号 邮编 100011
本版图书如存在印装质量问题，请与本社销售中心联系调换（联系电话：010-57512564）

版权所有　盗版必究（举报电话：010-57512600）
国家版权局反盗版举报中心（举报电话：12390）　　服务热线：010-57512564

自 序

2008年我在日本大阪府立大学读硕士二年级时，导师松川滋教授让我确定研究方向以及毕业论文的题目。当天晚上，在无头绪的思考中，我突然看到新闻中日本国会正在激烈讨论汽油暂定税率的存废问题。因为日本是全球汽车保有量最多的国家之一，原油几乎完全依靠进口，为了抑制汽车消费、减少石油消耗，日本政府一方面实行严格控制的高油价政策，另一方面实行燃油税和车辆税政策。早在1974年，即第一次石油危机发生之后，日本即在汽油税基础上开征了汽车临时附加税。2008年4月1日，汽车临时附加税立法到期后暂停征收，但是取消附加税后日本的财政收支出现巨大缺口。为此，2008年4月30日，以汽油暂行税率等为主要内容的"税制修改法案"恢复，日本决定继续实行已经维持了34年的《汽油税暂定税率特别措施法》，并于次日起恢复征收汽车临时附加税。

突然间，我对汽油价格问题产生了兴趣，随后去图书馆查找相关资料，方才知道了石油危机、停滞性通货膨胀等问题，产生了浓厚的研究兴趣，尤其对于价格问题深深着迷。价格属于名义变量，但是我始终好奇商品的价格是怎么产生的，尤其是对于资源矿产的价格，究竟由谁决定和发布、哪些因素引起了其价格的变化，至今研究兴趣不减，希望在理论上找到答案或者有新的发现和建树。

在研读相关论文的过程中，我发现研究油价问题主要以时间序列分析方法为主，牵涉到的经济学变量较少，正好适合我以方法工具见长的研究特点。因此，进入博士阶段后我主修了时间序列分析等课程，为进一步研究油价波动的经济影响、油价为什么波动等问题奠定了方法基础。

在具体的研究过程中，我发现虽然油价上升对于原油进口国来说一般会造成 GDP 下降、物价水平升高、失业率升高等不良影响，但是，对于日本这个典型的原油进口国而言，不仅仅是我发现，其他学者均在研究中发现日本经济存在油价上升、GDP 升高的异常表现，这引起了我的深深思考。为了解决这个问题，升入博士阶段学习后的第一年，我就查阅了很多资料，但始终不得其解。既然现存文献无法解释这一问题，我就决定自己来解释。我将经济变量进行细化，深入日本经济增长结构的不同部门，考察、测度不同经济部门对于油价冲击的不同响应。当发现日本汽车出口量在油价上升时显著增加，进而带动日本经济整体向好的时候，我非常兴奋，觉得自己凭借深入思考终于解决了这个现实问题。这一过程对于我后来的科研习惯和思维方式产生了重要影响——思考问题时要深入、细致和非线性化，同时我体会到了找到一个新的研究视角何等重要，也头一次尝到了成功的喜悦。

  回国后，我从反向视角出发，研究了哪些经济变量会对国际油价产生影响。特别是当我看到国外学者普遍认为中国经济的快速增长，尤其是 2008 年举办北京奥运会所带来原油需求的大幅增加一定导致了该年度国际油价的显著上升时，我认为，显然西方国家并没有对于中国经济在国际油价波动中的角色问题进行客观评价。但是，仅仅以奥运会举办的一个月期间的经济关系为研究对象，很难用传统的计量方法进行刻画。为了对具体时点上经济变量之间的波动情况进行测算，我将传统的向量自回归模型与其残差项相乘，构建出波动因素时点分解方法，解决了某个时点上经济变量之间的观察问题，克服了以往的方法只能针对某一段期间给出笼统性结论的不足，也有力地反驳了西方学者的观点，分析了中国经济在国际油价波动中的实际角色。我的这一研究成果发表在了《世界经济研究》上，自己第一篇中文期刊论文的墨香至今依然记忆犹新。

  随后，我针对中国应对国际油价波动的货币政策倾向、国际原油的未来发展、国际油价的未来趋势等一系列问题进行了深入分析。元朝杂剧《庞涓夜走马陵道》的"楔子"中写道"学成文武艺，货与帝王家"。学者的研究不能是空中楼阁，要为国家、社会奉献自己的聪明才智，如果能够为国家发展提供政策借鉴，更是荣莫大焉。

前　言

原油是现代工业生产的基础原料、当今世界重要的战略资源，也是典型的大宗商品，被誉为"黑色的金子"。国际原油价格波动往往会波及各国经济发展和地缘政治格局。中国作为世界第一大原油进口国，原油对外依存度一度高达73.7%，油价波动对中国的影响不可小觑。基于此，本书通过构建波动因素时点分解方法，从油价波动因素分解与油价波动的经济效应两个方面分析国际原油市场的动态演化与中国经济增长之间的关系。

第1章为本书的导论，前两节介绍了本书的研究背景、研究意义、研究对象和研究方法，第三节利用研究思路图和研究框架图展示了本书的主要研究内容，第四节概括了本书在计量方法、问题意识和研究领域方面的创新之处。

第2章梳理了油价波动及其对经济影响的文献，重点关注国际油价波动的起因以及油价冲击的经济效应，通过文献梳理与评价，进一步在已有研究的基础上提出了本书的研究目的。

第3章从理论层面阐释了原油与经济增长之间的关系，发现原油供给以及原油价格在经济增长中具有极其重要的地位，经济周期波动与油价波动均会影响到经济增长，同时石油危机的发生在客观上促进了经济学理论的发展。

第4章从国际原油市场的供给侧、需求侧和国际原油价格三方面分析1994—2020年国际原油市场的动态演化进程，以期总结国际原油市场演化的规律和特征。

第5章重点介绍了本书的研究方法——波动因素时点分解方法的构建过程，该算法实现了单个变量、具体时点的分析，克服了以往脉冲响应函数只能针对一个样本区间给出一个笼统结论的弊端，既利用了数据信息，又实现了经济变量之间的微观观察。

第 6 章着眼于分析影响国际油价涨跌的因素,从原油供给、原油需求与预防需求三方面分析了 2008 年下半年至 2009 年与 2014—2015 年国际油价下跌的原因,以及美国页岩油革命对国际油价波动的影响问题。

第 7 章通过测算中国经济增长对国际油价波动的影响,发现中国经济的快速增长未能显著影响到国际油价,并且通过主要年份油价波动的因素分解得到了近年来国际油价波动的一般性规律。

第 8 章考察原油供给、OECD 需求、中国需求和预防需求冲击等四种油价波动因素对中国经济增长的异质性影响,以此研究国际油价下跌是否有助于中国经济增长。

第 9 章通过测度油价波动对中国经济的总体影响、直接影响和间接影响,着重分析面对油价冲击时中国的货币政策倾向——以保增长作为首要目标还是以稳物价作为首要目标,发现了中国货币政策以经济增长为首要目标、以物价稳定为次要目标的政策倾向。

第 10 章分析为什么典型的原油进口国——日本可以抵御国际油价的冲击,通过构建逐步深入的三层次递进分析框架,具体考察日本经济的宏观整体、中观行业和微观产品,进行三个由大到小的逐层分析,最终总结出日本抵御油价波动的内在结构特点。

第 11 章借助国际原油市场与世界经济的内生性特点,展望国际油价下跌因素与世界经济活力的高低,以及未来中国经济在国际原油市场扮演的角色。

第 12 章通过总结本书的主要结论,指出原油等化石能源的未来前途以及原油领域未来的研究方向。

本书在理论分析和文献梳理的基础上,通过构建波动因素时点分解方法,考察了影响国际油价涨跌的因素、中国经济增长对国际油价波动的影响、油价冲击对中国经济发展的影响以及日本经济的抗油价冲击能力。进一步利用脉冲响应函数直接影响与间接影响的分解,研究中国应对油价冲击时的货币政策倾向。系统地研究了国际原油市场动态演化与中国经济增长之间的关系,并且在此基础上提出了对国际原油市场的展望,本书的研究对于保障中国能源安全、维持经济可持续发展具有重要意义,适合能源经济学研究生以及能源从业人员阅读。

CONTENTS 目 录

1 导 论
- 1.1 研究背景与研究意义 ………………………………… 002
- 1.2 研究对象与研究方法 ………………………………… 005
- 1.3 基本思路与研究框架 ………………………………… 008
- 1.4 本书的创新之处 ……………………………………… 011

2 油价波动及其经济影响的文献述评
- 2.1 关于国际油价波动起因的文献综述 ………………… 015
- 2.2 油价波动对经济增长影响的文献综述 ……………… 019
- 2.3 关于油价与中国经济关系的研究论文 ……………… 022
- 2.4 与页岩油革命相关的最新文献 ……………………… 026
- 2.5 对现有研究的评价 …………………………………… 027

3 原油与经济增长关系的理论阐释
- 3.1 经济学理论中的原油 ………………………………… 030
- 3.2 经济周期波动与油价波动的理论关系 ……………… 036
- 3.3 原油、经济理论与经济现实中的不稳定因素 ……… 041

4 国际原油市场动态演化分析
- 4.1 对原油市场的界定 …………………………………… 045
- 4.2 国际原油市场的供给侧动态演化分析 ……………… 050
- 4.3 国际原油市场的需求侧动态演化分析 ……………… 053
- 4.4 国际原油价格的动态演化分析 ……………………… 055

5 SVAR 模型的应用扩展研究
5.1 SVAR 模型的理论渊源 ·············· 060
5.2 SVAR 模型的应用拓展 ·············· 062

6 影响国际油价涨跌的因素分析
6.1 国际原油市场与全球经济关系分析 ·············· 067
6.2 2008 年下半年至 2009 年与 2014—2015 年国际油价下跌原因分析 ·············· 069
6.3 页岩油量产造成的影响 ·············· 077
6.4 油价下跌对中国的启示 ·············· 079

7 中国经济增长对国际油价的影响
7.1 问题的提出 ·············· 081
7.2 实证分析 ·············· 085
7.3 中国经济为什么没能影响到国际油价 ·············· 092
7.4 结论与启示 ·············· 094

8 油价多样性波动因素对中国经济增长的影响
8.1 油价的涨跌对中国经济增长的影响 ·············· 096
8.2 油价下跌有利于中国经济增长吗 ·············· 099
8.3 结论与启示 ·············· 109

9 中国应对油价冲击的政策倾向
9.1 面对油价冲击——保增长还是稳物价 ·············· 111
9.2 计量模型 ·············· 112
9.3 油价波动对经济的直接影响与间接影响 ·············· 114
9.4 结论与启示 ·············· 118

10 油价冲击与日本的经济增长结构
10.1 日本经济的抗油价冲击表现与先行研究 ·············· 120
10.2 研究方法的设计 ·············· 122

10.3 日本经济为什么可以抵抗油价冲击 …………………… 127
10.4 日本经济增长结构的特点 ………………………………… 134
10.5 结论与启示 ………………………………………………… 137

11 国际原油市场展望
11.1 国际原油供给展望 ………………………………………… 139
11.2 国际原油需求展望 ………………………………………… 141
11.3 国际油价展望 ……………………………………………… 143
11.4 美国挑起的全球贸易摩擦对国际原油市场的影响 ……… 145
11.5 未来中国在国际原油市场中的角色 ……………………… 147
11.6 结论与启示 ………………………………………………… 150

12 研究结论与未来研究方向
12.1 主要结论 …………………………………………………… 152
12.2 未来研究展望——油价波动与经济周期 ………………… 155
12.3 原油的未来——原油被替代的可能性与路径 …………… 156

参考文献 ……………………………………………………………… 159
索　引 ………………………………………………………………… 165
后　记 ………………………………………………………………… 169

1 导　论

原油是现代社会重要的一次能源、战略物资,其半成品是工业生产中的重要原料,能够支撑经济发展。同时,原油作为世界经济发展中的不稳定变量,其供给、需求与价格波动可以引起各国物价水平、金融体系与地缘政治的激烈震荡,波及世界经济的景气循环。鉴于原油的重要性,原油的供给变化、非常规原油的大规模量产、原油在新兴经济体与发达经济体之间的需求差别、油价波动的起因与油价波动的经济影响等诸多问题一直是经济学实证研究领域的热点问题。

中国自1993年开始成为原油净进口国,此后国内的原油生产基本稳定,但是需求量的增大导致原油进口数量逐年走高,至2020年国内原油净进口量约为5.42亿吨,原油对外依存度达到73.7%[①],已经超过了国际公认的60%安全警戒线。因此,在中国"富煤、贫油、少气"的能源禀赋背景下,本书的核心任务是掌握国际原油市场的动态演化规律以及未来发展走势,深入分析油价波动与经济增长之间的关系问题。本书对于从理论层面全面认识中国经济发展过程中来自能源层面的扰动风险,从实践层面提早采取合理的应对措施、保障能源安全、维持经济可持续发展,具有重要意义。

---

① 数据引自《2020年国内外油气行业发展报告》。

1.1 研究背景与研究意义

1.1.1 研究背景

原油在现代世界经济发展中扮演着极为重要的角色，特别是其价格波动会给世界经济发展与各项经济政策的制定带来不确定因素。因为世界原油禀赋分布的时空不均，欧洲、日本等经济发达地区原油资源匮乏，而人口稀少、地缘政治不稳定的中东、北非、中亚与俄罗斯等地原油资源丰富，所以客观上将全球国家分为原油进口国与出口国。原油进口国为了保障自己的能源安全与经济稳定，原油出口国为了自身利益，均对原油问题倍加重视。

1859年，美国宾夕法尼亚州第一口油井开始产油，原油产品进入现实生产生活中。原油真正引起世界范围的广泛关注始于1973年10月第一次石油危机的发生。中东等国的原油禁运导致油价飙升了大约4倍，从原来的一桶3美元左右升至12美元左右。暴涨的原油价格对原油净进口国产生了严重的经济影响，美国、日本等国家失业率上升，经济出现严重的倒退，而物价飞升甚至引起民众抢购物资的现象，社会整体呈现出停滞性通货膨胀的局面。此后世界范围内分别于1979年、1990年、2003—2008年出现油价多次上涨，不仅引发经济学界的持续关注，同时也给世界政治格局、经济发展带来不稳定因素，而1986年、2008—2009年、2014—2016年油价的骤然下跌，给沙特阿拉伯、俄罗斯、叙利亚等原油出口国同样带来严重的经济影响甚至财政危机，更造成委内瑞拉国民经济崩盘。可见，虽然距第一次石油危机爆发已经接近50年，但是作为最重要的国际大宗商品，原油的影响力依然巨大，已然成为世界经济发展中的不稳定变量。

简单梳理国际原油市场的变化历程，大体上可以将其划分为如下三个阶段：

（1）1970—2002年：原油供给震荡、价格飙升后的相对平稳阶段

1973年的第四次中东战争、1978年的伊朗政治局势剧变、1980—1988年的两伊战争与1990年的海湾战争无不发生在世界原油主产区，地缘政治激变引发的局部冲突或者局部战争破坏了油井、采油设备与管道系统、交通系统，致使国际油价飙升，原油生产受到严重破坏，供给短缺导致以此

时期内原油为主要消费能源的西方国家经济增长大幅衰退。但是，在1986年后油价下跌，到2002年之前原油价格相对平稳，给世界经济发展带来相对稳定的外部环境。因此，如果说中东地区是世界安危的"火药桶"，那么原油则是世界经济震荡的"导火线"。

(2) 2003—2008年：原油需求猛增、价格上升阶段

进入21世纪以来，中东地区政治形势趋稳，纷争较20世纪有所减少，原油生产水平总体平稳，世界经济也迎来大发展时期。此时，包括中国、印度、巴西、俄罗斯在内的"金砖国家"等新兴经济体迅速崛起，导致原油实际需求快速增加。同时，在国际流动性宽松的大背景下，投机基金在国际原油期货市场上的频繁进出、炒作加剧了国际油价的振荡频率与波动幅度。此时期内油价的持续飙升，倒逼非常规原油开采水裂压等技术的进步，从2008年开始页岩油实现国际原油市场的有效供给，其中美国的页岩油产量稳定，美国已成为主要的原油供给国之一。

(3) 2009年至今：原油供给增加、需求萎靡、价格震荡阶段

在国际原油市场层面，在各大产油国不肯轻易放弃其既有国际市场份额的前提下，世界原油产量持续攀升，甚至出现供大于求的局面。在全球经济环境层面，2008年美国次贷危机爆发，随后演变为全球性金融危机，对世界各国经济均造成了不同影响，2012年后除美国经济逐步复苏之外，欧洲、日本等经济体均深陷衰退泥潭，复苏步伐缓慢。而中国、俄罗斯等新兴经济体增速也呈现出不同程度的放缓节奏，引起国际原油消费需求锐减。所以在供给增加、需求不振的条件下，在全球经济未真正复苏的背景下，国际油价即使受到各种随机因素的短暂作用发生反弹，也不会再回到2008年之前每桶100美元以上的历史高位。

以上三个阶段既代表了40多年来国际原油市场的动态演化过程，也从侧面反映出世界经济发展的历史轨迹。因此，可以说全面、准确掌握世界原油市场的动态演化规律，是我们分析世界经济与中国经济的大背景和大前提。

1.1.2 研究意义

只有在认识、掌握国内外原油市场动态演化规律的基础上，才能深入研究油价波动的经济影响，继而洞察世界经济演变趋势，给出适应中国经

济发展的合理措施。因此，本书研究的现实意义、理论意义与方法意义分别如下：

首先，中国作为世界上最大的发展中国家、第二大经济体，原油需求量巨大，2017年已成为世界上最大的原油进口国，并且每年的进口量还在递增。世界原油的整体供给虽然稳定，但是与发达国家相比，中国的进口原油价高质低，且进口源地区政治形势大多不稳定，进口原油的约85%需要依靠水路运输，多数需要经过马六甲海峡、苏伊士运河等地缘敏感地区。可见，在70%以上的消费原油需要海外进口的前提下，原油安全问题是中国能源发展中的重要组成部分。此外，发达国家普遍拥有90天净进口量的储备规模，而中国2020年大约为80天的储备量①，如何保障中国海外原油的稳定供给，以及国内充足、安全的原油储备，并且大力增加民间储备，是本书研究的现实意义。

其次，21世纪后油价上涨带来的经济影响程度较第一次（1973年）、第二次石油危机（1979年）显著减弱，油价冲击经济效应的时变性已充分体现。但是，目前理论上依然未能有效解释为什么不同国家对相同油价涨幅具有不同的抵抗能力。例如，原油消费的99%需要进口的日本，其经济体系竟然抵御住了历次油价上涨，背后的原因是什么？又如，虽然油价从2014年开始下跌，但是中国经济并未因此提升，这背后反映出中国经济增长的结构特点是什么、问题是什么？本书尝试以经济增长的结构性特征视角来弥补油价波动经济效应中的理论空缺，以上是本书研究的理论意义。

最后，虽然1970年后现代计量方法突飞猛进，各种新模型、新算法层出不穷，但是时间序列分析中结构向量自回归模型的脉冲响应函数只能针对整个样本区间给出一个笼统的整体结论，既造成了数据的浪费，也未能观察到样本区间内各变量在具体时点上的真实波动情况，使得研究结果缺乏具体时点上的微观信息，无法与现实的各类影响因素相匹配。本书充分挖掘结构向量自回归模型中残差序列中所蕴含的时点信息，将模型的脉冲响应函数测算对象从样本整体扩展为每一个子样本，构建波动因素时点分解方法，实现了真实时间点上某一变量波动的分解，以上是本书研究的方法意义。

---

① 摘自国家能源局的统计数据。

1.2 研究对象与研究方法

1.2.1 研究对象

本书虽然以"原油市场演化规律"为研究对象，但是在传统问题的分析中构建了波动因素时点分解的新方法，在传统方法的应用中找到了油价波动在宏观经济分析中的新作用。本书具体包括以下六大问题。

第一，探究原油在宏观经济分析中的具体角色及其理论作用。世界经济作为一个庞大系统，其增长会受到各种各样随机因素的影响，而原油就是这些不稳定变量中的代表。首先，鉴于其不完全替代性，原油是现代经济的必需品，原油的供给短缺往往制约着经济活动的正常运行，会引起经济增速放缓甚至衰退。其次，原油价格的急速暴涨暴跌会引起世界范围内的经济波动。鉴于这两个原因，第一次石油危机引发的停滞性通货膨胀成为当时已有理论无法解释的新经济现象，直接催生了经济学新理论的诞生与发展。原油引起经济增长动荡的原因是什么、油价波动后各经济变量间的传导机制如何、应对油价波动的政策措施是什么、原油价格波动如何揭示经济增长活力、应对油价波动的政策反映出一国怎样的货币政策倾向——本书就是基于这些问题展开的理论研究。

第二，捕捉国际原油市场供给、需求以及价格的实时动态演化过程。2008年国际油价高涨、2014年国际油价下跌、2020年国际油价出现负值等现象，昭示着国际原油市场的各方面可能均发生了巨大变化，除却传统的中东、北非等产油地区外，近年来俄罗斯、美国等国的原油产量猛增，原油供给呈现出多源化趋势，原油市场供给侧的竞争加剧，导致OPEC在国际原油市场上的影响力降低，使得其在油价低迷时惯用的限产保价措施效用减弱。而随着世界经济的景气循环、期货市场的日益发展，原油的实际需求、投机需求在时间节点上轮番呈现，最终导致了原油价格的起伏跌宕。因此，时时、准确把握国际原油市场的发展动态，以小见大，有利于正确认识中国经济发展的外部环境、提早制定原油市场波动的应对政策、避免能源短缺问题的发生。

第三，分析影响油价涨跌的因素。最近10年国际油价波动异常频繁、波动幅度显著变大，有必要对其波动起因进行深入研究。本书不拘泥于原油市场本身，也关注地缘政治变化，紧密结合全球经济发展的实际情况，借助于先进的波动因素时点分解方法，逐年、逐月地分析引起油价波动的具体原因。同时关注国际金融市场的投机基金，特别关注中国经济增长的角色问题，从实体经济、虚体经济两方面分析国际油价的波动之谜。

第四，分析油价对经济增长的冲击效应。虽然已有文献发现了油价对经济增长效应的时变性，即最近20年的油价冲击效应已经远远小于头两次石油危机的破坏力，但是本书深入研究了油价冲击效应的结构性与异质性。①用结构性来解释不同国家油价抵御能力的差异，采用三层次递进分析框架，从一国的宏观经济整体逐步深入至部门、行业。该层次分析的目的与作用在于深刻揭示一国经济增长的结构性特征，从而发现一国经济增长中的深层次问题与优化途径。②用异质性来解释油价冲击效应大小与油价波动起因之间的关系。一个基本观点认为，虽然油价可以表现为相同的涨幅，但是不同的上涨原因会带来迥异的经济结果。如果世界经济整体处于景气上升阶段，由需求增加而引起的油价上涨不会阻断这一景气进程，即不会造成坏的经济效应。

第五，考察油价冲击发生后一国应该出台怎样的应对措施。一国央行在面对油价上涨导致的物价上涨、失业率增加、经济增速减缓等负面影响时，面临保增长与稳物价的两难局面。而不当的货币政策会加深油价的负面效应。因此，研究中国面对油价波动的政策选择，有利于深化我们对中国货币政策的理解，特别是在新常态、低油价阶段，经济整体易于陷入通货紧缩的风险下，本书希望提出有益于中国经济可持续发展的政策建议。

第六，国际原油市场展望。在非常规原油大规模供应、OPEC原油供给的全球占比降低、投机基金在原油期货市场兴风作浪、全球实际消费需求疲软、油价持续低迷的新局面下，本书对未来几年国际原油市场进行科学的展望，以期做出合理的预测，以便为中国经济发展提供较为准确的外部能源环境评价。

1.2.2 研究方法

在研究方法上，本书主要运用了五种分析方法，即理论分析、动态分析、定量分析、实证分析与对策分析。

第一，理论分析。作为宏观经济中一个重要波动源，传统经济学理论认为，原油对其他经济变量产生影响的机制在于，油价冲击下总供给曲线与总需求曲线发生了移动。原油作为重要的生产资料，由于其他化石能源目前无法完全替代原油，在油价上涨的情况下，其价格需求弹性较小，企业生产成本上升，下游制品的价格上升，进而带动经济整体物价水平的上升。尔后，企业利润率下降，工人的实际工资下降，失业率高升，导致总产出下降，总供给曲线向左移动。而对于总需求的效应，首先，物价水平上升，消费者持有的货币实际上贬值，购买力下降，减少了消费者支出意愿，降低了商品的需求量；其次，中央银行为了防止物价水平过快上涨，提高利息率，放缓了企业投资，下压了固定资本投资水平，导致总需求减少。但是，关键问题在于，以上推论是否得到了经济现实的支持。在能源经济学转变为能源金融学，随着现实世界发展又向能源气候学转变的今天，原油的理论角色如何变迁是本书的研究重点之一。

第二，动态分析。研究原油市场动态规律，重点研究原油市场的时变性，自然会涉及各变量的动态分析。本书以高级计量经济学中的时间序列分析为方法基础，运用向量自回归模型、多项式分布滞后模型、脉冲响应函数、波动因素时点分解方法等时序方法进行测算，关注不同时间序列之间的因果性、平稳性与协变性，深入探寻原油市场的历史演进规律。

第三，定量分析。本书在定性分析的基础上，进行定量分析。定量分析是一种分析事物的数量比例及变动关系的方法。具体而言，本书关注一个变量变化之后对其他经济变量的影响大小。时间序列模型的特点在于对变量间数量关系的确定性表述。本书经常以一单位标准偏差的油价冲击为例，测算在此冲击下的经济效应。定量分析不仅可以考察变量间变动关系的方向与大小，还可以从中升华出新的经济理论与发现。

第四，实证分析。研究原油价格波动问题自然要区分原油出口国与进口国，因为油价的涨跌对二者的影响后果与机理完全不同，所以需要追踪国际原油市场的40年演变。本书在油价上升时关注其对原油进口国的影响，而在油价下跌时关注其对原油出口国的影响，特别关注一国经济的增长结构与抵御油价波动能力之间的关系。不仅于此，本书力争在传统问题中使用新方法，在异常现象中寻求新视角，在宽泛的共识下挖掘新深度。

第五，对策分析。油价波动的多样性起因随着时间的推移、国家类型的不同会带来差异化的经济影响。一国如果采取合理的应对措施，综合运用货币政策和财政政策，可以降低油价波动带来的不利影响。相反，如果政策工具使用不当，则可能扩大油价波动的不利影响，给经济发展带来二次伤害。除此之外，学习各国应对油价冲击的政策措施，可以为中国经济的可持续发展提供借鉴，为中国经济增长结构调整提供可行性思路。

1.3 基本思路与研究框架

1.3.1 基本思路

本书研究的基本思路是在梳理相关文献的基础上，克服已有计量方法的不足，构建波动因素时点分解方法，对变量在样本区间内具体时点的波动因素进行分解，先分析油价波动因素，然后考察不同波动因素对中国、日本经济增长的异质性影响，以及应对措施所反映出的政策倾向，进行以往方法无法实现的微观观察。

具体而言，本书从油价波动因素分解与油价波动的经济效应两个方面展开分析。一方面，本书研究国际油价近20年里每个月内具体的涨跌因素，运用波动因素时点分解方法进行全时段分解，观察某一时点油价上涨或者下跌的具体原因及其大小。其中重点关注中国经济快速发展产生的原油需求是否引起国际油价的显著波动，尤其是北京奥运会、新冠肺炎疫情暴发等特殊时点的中国角色问题。另一方面，本书关注国际油价波动的不同起因对中国经济的异质性效应，以及中国经济在国际油价上涨中增速回落与否、在油价下跌中增速提升与否，以此剖析中国经济的内在特点，分析其深层次问题。同时，对典型的原油净进口国——日本进行分析，研究其能够抵御油价冲击的经济增长结构特征，为中国经济发展提供横向借鉴。进一步地，本书通过将油价冲击的总经济影响分解为直接影响与间接影响，观察中国应对油价冲击的货币政策倾向。最后，结合研究结论，本书对国际原油市场未来的供给、需求以及价格走向展开分析，力争给出一个科学、合理的预测。具体研究思路如图1-1所示。

1 导论

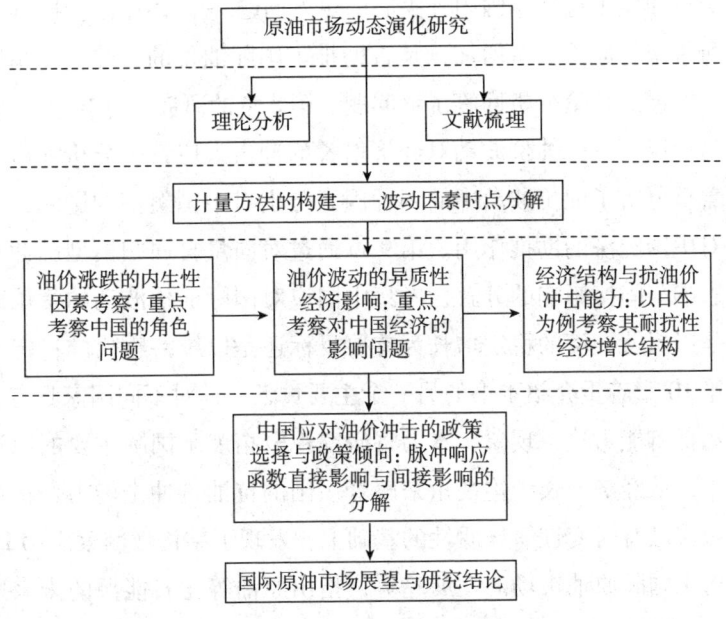

图 1-1 本书的研究思路

1.3.2 研究框架

本书研究内容共分为 12 章。第 1 章为导论部分，介绍本书的研究背景、意义、对象、方法、框架及创新之处。第 2 章对文献进行梳理，重点关注国际原油价格波动的多样性起因及其经济影响，以期发现目前研究中的成就与不足，进而提出本书的研究任务。第 3 章对原油与经济增长的理论关系进行阐释，介绍原油在经济学理论发展中的关键作用。第 4 章从国际原油市场的供给、需求、价格等层面介绍其近 20 多年的动态演化历程，分析国际原油市场的演化特征，总结其演化规律。第 5 章着重介绍本书的主要贡献——波动因素时点分解方法的构建过程，该方法克服了以往脉冲响应函数无法针对样本区间内某一时点测算变量间关系的缺点。第 6 章具体分析 1995—2020 年每个月国际油价的涨跌原因，重点分析 2008 年下半年至 2009 年与 2014—2015 年国际油价的下跌原因、2008 年上半年国际油价的上涨原因、2014 年国际油价的下跌原因，以及 2020 年新冠肺炎疫情暴发后的油价波动情形。然后分析近年页岩油的规模量产对国际油价的影响。第7章回应了近些年国内外关心的热点问题——中国最近40年经济快速增长所带来的原油消费增加,是否助推了国际油价的上涨?以精密的计量模型、严谨的理论分析回答了该问题。第8章的研究恰好与第7章相反,开始从另一层面——油价波动对经济增长的冲击效应,来分析油市的演化规律。着重分析了油价波动中的四种因素分别对中国经济的影响,测算油价下跌对中国经济的助推作用。第9章通过对向量自回归模型脉冲响应函数直接影响与间接影响的分解,考察中国应对国际油价波动的货币政策倾向——是以保持经济的稳定增长为首要目标还是以维持物价的稳定为首要目标。第10章着重介绍本书的另一个主要贡献,针对不同国家具有不同的油价波动抵御能力这一现象,本书将研究视野拓展至国际主要的原油净进口国日本,从经济增长结构视角来解释一国的抗油价冲击能力,在油价冲击经济效应已有时变性、异质性的基础上,发现了结构性因素。第11章重点分析未来国际原油市场的发展趋势,指出原油等化石能源的未来发展前景。第12章总结了本书的研究结论,指出了未来的研究方向。本书的研究框架如图1-2所示。

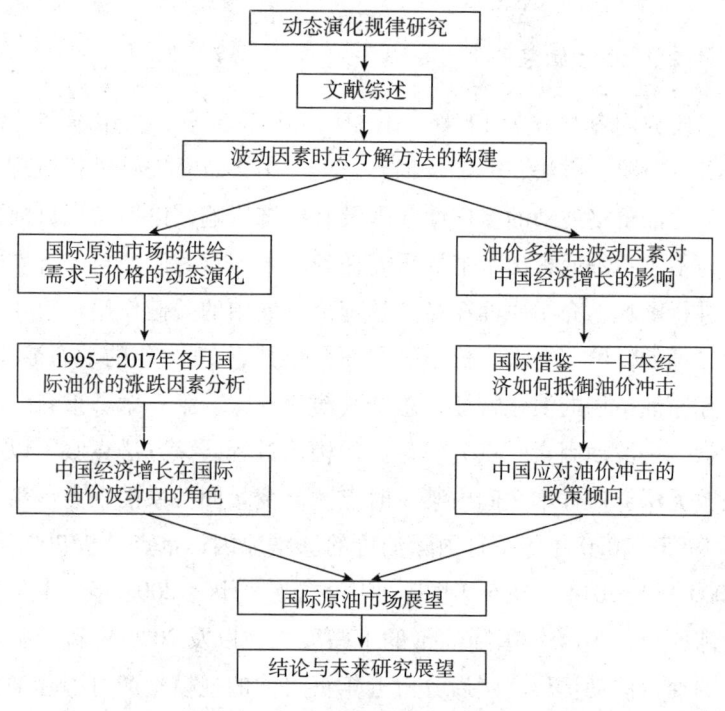

图1-2 本书的研究框架

1.4 本书的创新之处

本书的创新之处可以细分为三个层次。第一层次，在传统问题中构建新的计量经济方法；第二层次，在传统方法中研究新问题；第三层次，在传统问题与传统方法之外研究新领域。

第一层次中的方法创新。

首先，本书对脉冲响应函数加以扩展，构建了波动因素时点分解方法。在研究油价冲击对经济影响的传统问题中，以往的研究方法大多采用向量自回归模型的脉冲响应函数进行观测。波动因素时点分解方法最大的特点在于弥补了以往脉冲响应函数在整个样本区间只能得出一个概括性结论的欠缺，实现了所观察样本区间内每一样本点（时点）均可以测算、观察，较以往方法更为具体、细致。通过波动因素时点分解方法，可以观察和测度一个变量在某一具体时间点上受到哪些因素的影响、每一个影响因素的作用大小，可以解释现实中的许多具体问题。例如，2008年次贷危机爆发以前，国际原油价格暴涨。2008年7月11日，持续紧张的中东局势使得国际市场担心全球原油供应不足，纽约商品交易市场盘中原油价格创出每桶147.27美元的历史最高纪录。但是很多海外学者却将油价暴涨归因于北京举办奥运会消耗掉很多原油。可见，如果没有波动因素时点分解方法针对每个月份的具体分析，很难说清楚2008年7月油价上涨的真正原因。

其次，本书采用新方法将脉冲响应函数所测算的总体影响剥离为直接影响与间接影响两部分。在结构向量自回归模型中，脉冲响应函数可以测算第一个变量的变化对模型中其他变量的影响。但是，随着第二个变量、第三个变量对第一个变量变化的反应，这种反应会累加到对最后一个变量的影响之中，使得第一个变量对最后一个变量的影响实际上夹杂了中间各变量的间接影响。为了考察第一个变量对其余变量的直接影响，本书针对一种经济关系构建了两个计量模型，一个计量模型计算总影响，另一个计量模型单独计算直接影响，二者相减即间接影响，实现了直接影响与间接影响的分离。例如，在一个油价、M2（广义货币）与经济增长的三变量结构自回归模型中，此时计算油价对经济增长的脉冲响应函数也包括了

M2 的变化对经济增长的影响，因为油价的升高可以引起 M2 的变化，继而通过 M2 的变化来影响经济增长。剔除 M2 的变化对经济增长的影响才是油价波动对经济增长的直接影响。测算间接影响的主要目的在于考察货币政策、财政政策等变量对油价波动的反映，或者可以理解为货币政策的应对。

第二层次中的问题意识创新。

首先，在研究视角上，本书摒弃了以往直接考察油价与宏观经济变量的分析方式，而是向前深入至油价波动的不同起因，发现多样性的油价波动起因会给中国经济带来不同的经济影响。克服了以往不区分油价波动起因直接测算油价冲击大小的经济效应的简单分析，本书实现了对油价同样涨幅下不同经济效应的科学解释。如果油价上涨是由全球经济景气下的实际消费需求增加所导致，则此种情形下的油价上涨不会阻断中国经济增长进程，中国经济依然会呈现出较快的经济增长率。但是，如果油价下跌是由全球经济萎靡带来的需求减少所导致，那么此时的油价下跌也不会促进中国经济增长。进一步深入分析发现，油价的涨跌对一国经济的影响在很大程度上取决于该国经济所处的经济周期阶段，即油价本身不会改变一国经济周期进程，只会改变经济运行的广度和深度。

其次，在研究视角上，本书摒弃了以往直接考察油价与宏观经济变量的分析方式，而是向后深入至经济增长的结构性问题，即不同的经济增长结构应具有不同的抵御油价冲击的能力。本书以日本为例，虽然日本是一个高度依赖原油进口的国家，但是测算后发现在 1985 年后的国际油价上升中，日本的经济增长并未受到严重影响，其甚至可以从油价上升中获益，依然保持了较高的经济增速。本书采用从宏观到微观、层层深入的递进分析发现，油价的经济效应与一国的经济增长结构密切相关。油价上涨未给日本的消费部门带来显著效应，但给投资、出口部门带来了正效应。一直追溯到日本产品层面，发现日本产汽车具有质量轻、油耗低的特点，同样具有抵御油价上涨的特质。

第三层次中的研究领域创新。

本书跳出油价与经济增长关系的研究，以油价波动为检验试纸，考察了一国在应对油价波动冲击时货币政策的倾向选择问题。由于经济学中存在保持经济增长与抑制通货膨胀两目标不可能同时实现的客观规律，货币政策要么倾向于宽松性以促进经济增长,要么倾向于紧缩性以抑制通货膨胀。本书在成功实现脉冲响应函数总体影响中直接影响、间接影响的分离之后,考察了中国货币政策的倾向性问题。

2　油价波动及其经济影响的文献述评

如果说中东地区是世界安全的"火药桶",那么原油则是世界经济波动的"导火线"。原油作为重要的国际大宗商品,自 1973 年第一次石油危机爆发以来,国际原油价格已经过 40 多年的跌宕起伏,原油供给的短缺更是多次引起世界政治、经济格局的动荡,而近几年的原油过剩同样给世界带来了诸多改变。国际原油价格的难以预测性、波动的激变性、危害的普遍性以及影响的广泛性,使其成为全球宏观经济分析中一个重要的不确定性变量。因此,国际原油价格的波动可能会随时触发各国央行的政策反应以及地缘政治变局。本书对国际油价展开深入分析,我们甚至可以从中窥探全球经济走势与政策趋势的端倪。

由于原油是现代工业的必备生产原料,原油作为生产要素之一进入经典生产函数之中,进而开始影响到经济发展中的各层面问题。原油的供给、需求与价格一起构成了国际原油市场,并且构成了世界经济的重要组成部分。特别是最近 10 年,国际原油市场风云际会、世界经济波谲云诡。油价在 2008 年之前一直处于上升周期之中,在此背景下,成本较高的页岩油也得以大量开采。而随着 2014 年 6 月以来国际油价的显著下跌,页岩油的发展是否压低了国际油价等与页岩油相关的一系列问题成为研究领域的新兴热点问题。本书从国际原油价格波动的起因与油价冲击的经济效应等方面对已有文献展开梳理,总结研究逻辑脉络,找出已有文献的薄弱环节,提出本书的研究目标。

2.1 关于国际油价波动起因的文献综述

图 2-1 描绘出了 1987 年 5 月至 2020 年 2 月的 WTI 油价变动趋势。由图 2-1 可知，2003 年之后的国际油价呈现出幅度巨大、周期频繁的波动特征。针对该现象，较早的文献如 Kesicki（2010）将 2003—2008 年的油价上升称为第三次石油危机，并将其成因与 1973 年的第一次、1979 年的第二次石油危机成因在国际原油市场供需层面作比较分析发现，前两次石油危机中存在 OPEC 成员国人为操纵原油生产而造成供给短缺的现象，但是三次油价上涨中都有需求增加的因素。进一步探究发现，三次油价上涨中都存在诸如新油田投资较低、闲置产能以及美元贬值等现象。此外，该研究还将第三次油价上升的原因归结为地缘政治的不稳定，而认为投机仅仅起到了短期和有限的作用。

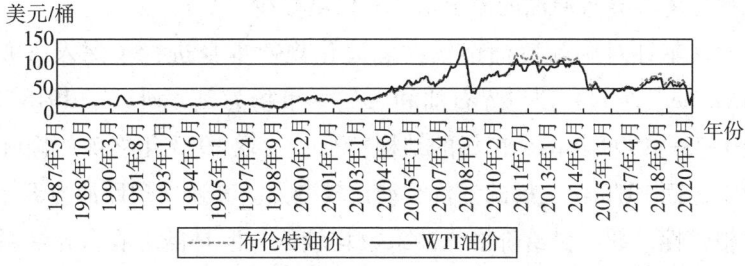

图 2-1 1987 年 5 月至 2020 年 2 月的布伦特与 WTI 油价

资料来源：Wind 数据库。

随后，Bassam 等（2013）构建了全球原油市场的结构模型，发现 2003—2008 年的国际油价上升主要由亚洲新兴市场国家的强劲需求引起。该研究的最大特色是没有直接利用计量模型中的需求冲击，而是采用了专业机构对新兴市场国家实际 GDP 的预测值。此文测算结果表明，中国和印度实际 GDP 的预测值如果上升 5%，12～16 个月后则会引起国际油价 50% 的上涨幅度。Kilian 和 Murphy（2014）同样构建了一个全球原油市场的结构模型，排除了此轮国际油价上升是由供给减少以及投机交易所引起的可能性。该研究发现，此轮油价上升是由全球经济景气所引发的需求上升引起的，而投机交易引起的油价上涨只在 1979 年、1986 年以及 1990 年等个别年份得到了证实。该研究同时发现,即使考虑到原油库存在平抑原油消费冲击方面的作用,短期原油需求价格弹性系数也高于以往文献的传统估计值,所以该研究的结论认为国际原油市场本身的调整未能阻止这次油价的上升,油价上升更多地归因于全球经济景气程度。

特别是针对2007—2008年油价剧烈上涨的起因,Hamilton(2009)认为是强劲的原油需求与沉滞的全球原油生产所导致,2008年之前几乎呈水平状的全球原油供给曲线无法满足逐年走高的原油需求。该研究进一步发现本次油价上涨引起美国国内汽车销售的下降,也引起了美国经济在2007年第四季度至2008年第三季度的短暂衰退。

在上述研究的基础上,Frankel和Rose(2010)认为中国经济快速增长带来的巨大原油需求是国际原油价格上升的一个主要原因,并且其从货币政策层面对21世纪之后的油价上涨进行了细致的解释,发现大多数发达国家宽松的货币政策是导致世界原油生产出现沉滞的一个主要原因,因为低利息率环境会导致原油的需求增加、供给减少。

其他文献针对国际原油市场动态演化规律本身进行了深入研究。例如,Krichene(2002)以世界石油和天然气市场为例,研究了1918—1973年以及1973—1999年两个市场的结构特征,发现1973年之前的国际油价比较稳定,而1973年之后的油价波动比较剧烈。其还发现原油与天然气的需求价格弹性系数、供给价格弹性系数均较低,但是需求收入弹性系数却很高。

由于国际油价均以美元定价,美元币值本身的波动也会对国际油价产生影响。众多实证分析深入研究了国际油价与美元汇率的互动关系。例如,Chen和Chen(2007)基于长期视角,对实际原油价格与实际美元汇率间的关系进行了研究。其以G7集团成员国1972年1月至2005年10月的数据为分析样本,研究发现实际油价的变化是实际美元汇率变化的支配源,并且油价变化对美元汇率变化具有较大的影响,否定了以往美元汇率的变化引起油价变化的传统观点。而Lizardo和Mollick(2010)同样关注油价与美元汇率间的关系问题。其研究发现,19世纪70年代至2008年,油价变动可以显著解释美元汇率的变动,油价上升时,加拿大、墨西哥与俄罗斯等原油出口国的货币对美元升值,而日本等原油进口国的货币对美元贬值。

除此之外，众多实证研究就国际油价与全球主要经济变量之间的关系进行了深入分析。Kilian 和 Vigfusson（2013）以独特的视角，期望基于油价波动的规律，预测美国的实际 GDP 增长率。其计算发现，当季度油价与前一个季度美国的实际 GDP 之间存在非线性关系时，只有当油价超过它的以往最大值时，才可以预测美国 GDP，而当油价下跌时则不能将其用来预测美国 GDP。该研究也昭示着国际油价的上升一般与全球经济景气状态密切相关，而油价的下跌则与全球经济的关系并不大。Kilian 和 Murphy（2012）则在研究方法上进行了尝试，利用结构向量自回归模型中的符号约束对原油市场进行分析。该实验证实，仅仅利用符号约束本身无法获得油价对各种冲击的真实反应，而符号约束与传统的、可信的、短期的原油供给弹性相结合，估计出的结果才与零约束估计的结果基本一致。

Alquist 和 Kilian（2010）主要对国际原油的期货价格进行了分析，研究发现预防需求的增加会增加原油期货价格的不确定性，进而引起现货价格的波动。鉴于国际油价波动带来的重大经济影响，Baumeister 和 Kilian（2012）以 1991 年 1 月至 2010 年 12 月为样本区间，采用各种时间序列分析方法来预测原油价格。研究发现，未来一年的油价预测精度高于水平值不变预测精度。

中国自 1993 年成为原油净进口国之后，经济学者逐步认识到了原油的重要经济地位和战略地位，开始以中国视角研究油价波动问题。例如，宋增基等（2009）重点关注中国经济增长对世界油价的影响。研究发现中国经济增长会引起国际油价的波动。测算结果表明，若中国经济每年以 8% 的速度增长，到 2010 年国际油价会上涨 1.7%～2.3%，而到 2030 年将会上涨 7.94%～10.48%。该研究建议我国应提高原油使用效率以降低原油成本。但是，该研究忽略了中国原油市场与国际原油市场的关系问题。

魏巍贤和林伯强（2007）则在关注国内外石油价格形成机制及其动因的基础上，应用多种计量经济学方法定量研究了国内外原油价格波动性及其相互关系，研究表明，国内外油价波动性均存在集聚性、持续性和风险"溢出效应"等特点，国际油价的波动对国内油价具有导向性作用，两个市场油价间存在长期的协整关系，但是短期波动过程相异。可见该研究运用时间序列分析的方法获得的结论与实际情况较为相符，基本上抓住了国内外油价的各自运行规律与互动关系。

近年来我国原油对外依存度急速上升，赵惟和范海兰（2008）提出了石油价格在内外因素影响下的变化以及由变化程度映射出的警戒状态及其响应机制的理论。现今主流的石油价格波动理论基本上以石油价格为唯一研究基础，相应的预警识别体系亦与之相附和。研究效果的直观度较高，但预测的准确性较差，同时，预警值的确定缺乏依据且识别体系过于简单。该研究在沿袭现有研究方法的同时，创新性地用相对率来表达价格波动，在此基础上构建了预警识别体系，对于警限值也创造性地运用分位数法来确定。

而后，高新伟和马海侠（2013）在我国高能耗产业集中、尚无配套的国际石油议价策略以及被巨幅波动的国际石油价格"挟持"等现实背景下，同样主张建立油价预警和风险管理系统。并提出为减少油价波动可能带来的损失，预警的首要工作就是预测，但过去的预测都是基于年度或月度数据，预测结果滞后。为在较短时间内感知油价风险并采取措施，该研究以短期新视角对原油价格进行了分析，定性、定量地区分了短期油价影响因素的权重，通过"灰预测"方法计算短期未知指标后，再用油价与影响因素之间的关系模型预测油价的新方法。经过验证，该方法切合实际、效果较好，并提出了高油价区国家及石油企业应对油价波动风险的管理对策。

基于同样目的，韩立岩和尹力博（2012）建立了因素增强型的向量自回归模型体系，具体涵盖了美国与中国实体经济、国际投机因素、商品期货市场供需与库存状态的几百个经济指标，对国际大宗商品价格的影响因素进行多视角实证分析。结果表明：在长期，实体经济因素是大宗商品价格上涨的主要动力；在短期，国际投机因素导致了大宗商品期货的金融化；中国因素的作用是间接的，不是主要的。因此，问题的关键在于监控大宗商品期货指数化投资中的短期投机势力。

关于2008—2009年国际油价波动的起因，笔者（2015）构建了波动因素时点分解方法，利用月度频率数据测算发现，中国经济未能对近年尤其是2008年急升的国际油价产生影响，而投机因素和OECD的需求因素对国际油价的影响最为显著。进一步发现了油价升降的非对称性因素：国际油价上升一般仅由投机因素引起，但其下降则既包含投机因素，又包含需求因素，为制定国际油价波动的应对措施提供了重要借鉴。

2.2 油价波动对经济增长影响的文献综述

1973年10月爆发了第一次石油危机，油价的剧烈上涨给发达国家经济体带来了严重的影响。自此，国际油价成为世界经济中的一个重要变量。

首先，经济学者普遍关注油价波动对一国宏观经济的影响。

Hamilton（1983）较早发现了油价上升会导致美国 GNP 的下降，即二者呈现出负相关关系。随后，Ferderer（1996）针对当时理论界发现油价上升对经济增长的不利性，深入研究发现，不仅油价的上升，而且油价每日的波动引起的月均价标准误差的改变，同样可以引起一国宏观经济的波动。Hamilton（1996）特别针对1985年的油价上涨与1986年的油价下跌现象进行研究，发现1985年开始的油价上涨其实是前一期季度油价大幅下跌的反弹。当由考察季度油价改为考察年度油价时，会发现此时的油价上升与美国产出减少之间的关系并没有发生改变。Barsky 和 Kilian（2004）针对19世纪70年代开始的油价与宏观经济的关系研究进行了细致、系统的归纳。第一，认为中东地区的政治事件可以引起油价波动。第二，认为油价上升不是引起美国经济衰退的核心原因。第三，发现油价上升带来的美国经济衰退实际上要比通常人们预期的要小。Kilian（2008a）使用当时最先进的估计技术，发现1973年石油危机中的油价上升只有小部分是由外生的原油生产中断所引起。外生的原油供给冲击发生后第五个季度引起美国实际 GDP 增长的锐减，而 CPI 表现为第三个季度后上升。总体来说，外生的原油供给冲击显著地改变了19世纪70年代美国的经济增长路径。

在总结前人研究成果的基础上，Kilian（2008b）认真归纳了油价波动与经济增长之间的诸多关键性问题。第一，该研究发现以前实证研究普遍认为油价上升是由外生性供给短缺引起的，而现在的证据表明油价上升很大程度上是由伴随经济增长的原油需求增加所引起的，即油价与经济增长是一种内生化关系。第二，该研究发现19世纪70年代之后的油价波动的成因各不相同，大多包含强劲的原油需求以及预防需求，而伴随着期望而移动的预防需求在很大程度上影响了美国经济。第三，该研究以1990年的科威特战争为例，发现中东政治形势对原油供给的损害程度实际上比传统观点所认为的要小得多，但是地缘政治事件给市场带来的预期作用较大，因为市场总是担心战争会严重损坏采油设备。第四，该研究发现汽油价格实际上不是由原油价格，而是由一国的炼油能力所决定的，所以认为应由仅仅关注原油价格的经济影响过渡为区分原油与汽油价格的经济影响。具体来说，汽油价格与原油价格往往会发生背离。对于企业来说，汽油价格波动对其影响远远小于原油价格的影响，因为企业能源消耗中很大部分是价格稳定的电力消费。虽然企业无法改变国际油价，但是自身可以调节对汽油的消费量。第五，该研究认为原油价格冲击在传统宏观经济学教科书中通常作为总供给冲击的例子出现，或者在现代 DSGE 模型中以技术冲击出现，但是，关于油价冲击在供给渠道的传输机制以及影响程度等方面还有许多问题悬而未决。而实证研究发现，油价冲击的经济影响主要是通过消费者支出减少以及企业消费能源种类的替换这两种途径实现的。传统观点还认为更高的能源价格可以引起总需求的减少，导致企业调整其生产计划，从而降低工业生产水平。第六，该研究认为油价涨跌的非对称性反应缺乏经验支撑，除非油价的波动幅度特别剧烈，否则油价的经济影响依然会呈现出对称性。第七，该研究指出，2008 年一个有意义的发现是 19 世纪 80 年代后期至今的油价冲击效应小于之前。例如，一年内总消费的能源价格弹性从 1987 年之前的 -0.30 升至 1987 年之后的 -0.08。该研究认为此现象发生的一个原因在于油价上涨是全球需求增加所导致，因为全球经济景气导致全球商品需求增加，由此甚至可能引发美国经济的正向增长。

Berk 和 Yetkiner（2014）试图推导和测试能源价格在经济增长中的角色。该研究构建了一个两部门的内生性增长模型，其中能源随着资本作为消费品部门的投入要素进入模型。模型结果表明，能源价格的增长速度对能源的使用与实际 GDP 具有负面影响。随后，该研究利用基于面板数据的协整检验与面板自回归分布滞后模型的误差修正模型，检验得到能源价格与能源消费、经济增长之间的关系，研究 16 个国家 1978—2011 年的每一单位资本的 GDP 与每一单位资本的能源消费量，发现能源价格和每一单位资本的 GDP、能源消费之间存在显著的协整关系，并且经济增长、能源消费与能源价格是负向关系。最后该研究建议增加可再生能源的消费份额，认为其将帮助决策者控制能源价格长期的影响，进而促进经济增长。

其次，关于油价冲击对微观经济的影响，主要体现在工人就业与工资水平方面。

Keane 和 Prasad（1995）利用微观面板数据模型研究油价上升对各产业间就业与工人实际工资水平的影响。研究发现，油价上升后所有工人的实际工资水平下降，但是熟练技术工人的相对工资水平上升。进一步地，该研究还发现油价上升后工人会在各产业间短暂流动，但是未发现工人在各产业间的持续流动。Bachmeier 和 Cha（2011）使用美国 CPI 构成中 97 个部门的分解数据研究发现，在抵御油价冲击对物价影响的措施方面，2/3 来自企业原油使用量的减少，1/3 来自货币政策，并且未发现工资刚性或者油价持续波动等因素的作用。

最后，关于油价冲击引发的政策应对问题。

由于油价冲击会对经济整体产生较为显著的负面作用，中央银行往往会给出相应的应对措施，以平抑物价或者维护产出水平，即货币政策的调整。关于货币政策在减缓或者加剧油价冲击的经济影响方面，实证研究有着不同的结论与观点。早期的研究如 Lee 等（2001）首先关注日本货币政策在油价冲击中的调整问题。该研究发现，1973 年第一次石油危机发生后，日本活期贷款利率仅仅提高了 2%，而 1979—1980 年的第二次石油危机时，日本活期贷款利率提高了 2.5%。该研究的重要发现在于，日本经济在石油冲击中衰退的 30% ~ 50% 是由货币政策造成的，即央行的货币政策重在抑制物价水平。与该研究相类似，Leduc 和 Sill（2004）关注油价冲击造成的经济衰退是由油价冲击本身引起还是由油价冲击所引发的货币政策调整引起的。其以 1979 年之后美联储的货币政策为例，研究发现油价冲击发生后产出下降的 40% 是由美联储为应对油价冲击出台的货币政策造成的。并且，该研究还发现通常出台的货币政策无法完全抵消油价冲击带来的经济衰退效应。

Cologni 和 Manera（2008）运用结构协整向量自回归模型，测度油价变动、利率对 G7 集团国物价以及产出的影响。研究发现，第一，所有国家均针对油价冲击实施了货币政策的调整；第二，除了日本与英国外，其余国家均在油价上升中出现了通货膨胀，并且通货膨胀率通过利率传导至实体经济；第三，对于大多数国家而言，油价上升均造成了物价立即、短暂的上升；第四，美国经济在 1990 年的油价冲击中以及由此引发的货币政策中承受了双重影响，而加拿大、法国以及意大利的经济遭受油价冲击的影响与其货币政策效果相互抵消了。

除上述核心问题之外,经济学者还对油价涨跌的经济效应是否呈线性或者对称性问题感兴趣。例如,Hamilton(2005)运用灵活的研究方法发现,对于经济增长而言,油价上升比油价下跌更重要。其认为油价的涨跌对宏观经济具有非线性影响,即油价上升时的经济影响大于油价下跌时的经济影响。进一步地,Hamilton(2011)采用各种计量方法确认油价的涨跌对宏观经济的影响存在非对称性。Rahman 和 Serletis(2010)针对 1983 年 1 月至 2008 年 12 月的美国经济数据,利用逻辑平滑转换向量自回归模型研究油价、货币政策对美国经济的影响。研究发现,油价波动会对美国宏观经济行为产生影响,而货币政策不仅强化了油价冲击的经济效应,而且使油价冲击的经济效应呈现出非对称性。油价上升对经济的最直接影响在于,物价上升后消费者支出减少。与上述结论相反,Edelstein 和 Kilian(2009)以 1979 年油价上升与 1986 年油价下跌为例,发现油价的涨跌对消费者支出的影响具有对称性。

作为油价波动对经济影响研究的一个重要发现,Brown 和 Yücel(2002)总结发现,近年的油价波动对美国经济的影响程度已经大为减弱。由供给减少带来的油价上升会带来美国经济的产出减少与通货膨胀,而平抑通货膨胀的货币政策可以加剧产出的减少。相反,有研究建议货币政策应保持中立,从而忍受通货膨胀。Lescaroux(2011)不同于以往文献仅仅关注油价与宏观经济间的关系,而是同时关注油价与微观经济的关系。其研究同样发现,油价与宏观经济的关系在长期有减弱的趋势,并且在短期是不稳定的,而油价与微观经济却充满活力。

2.3 关于油价与中国经济关系的研究论文

中国作为世界上第二大经济体与最大的发展中国家,同时作为世界经济发展的重要引擎,经济体量大,原油消费量也大,油价波动会给中国经济带来怎样的影响、中国经济增长是否会影响国际油价等问题已成为学界研究的焦点问题。刘强(2005)借助于一个真实商业周期的两部门混合模型,探讨石油价格波动对中国各个经济变量的影响与传导机制,认为商品供应、部门产出、GDP、就业、要素报酬以及要素收入等对石油价格波动具有比较静态效应。同时，模型还证明消费结构、相对真实原油价格与生产技术结构共同决定了 GDP 的变化方向，而投资率只影响变化的幅度。该研究的政策含义在于，需求结构政策、技术创新和替代能源、货币政策、投资政策都是可选择的用于最小化原油价格冲击影响的政策工具。

随后，张斌和徐建炜（2010）回顾了石油价格波动对国内生产总值和物价产生影响的作用机制，以此为基础建立向量自回归模型，分析石油价格波动对我国主要宏观经济变量的影响，最后讨论了货币政策应该如何应对石油价格上涨。主要结论包括：①石油价格上涨带来了广泛的相对价格变化和结构性调整意义上的产出下降，石油价格上涨触发的过度货币政策反应也会对产出和物价产生影响。②从实证角度看，只有当油价变化传导至一般价格水平上涨、要素投入变化以及货币政策调整的时候，才会显著影响中国宏观经济。③货币政策无法避免油价冲击带来的经济结构调整，需要在一定程度上容忍石油价格波动对宏观经济的冲击，以避免货币政策过度反应。

同样，Ju 等（2014）利用 HHT 与事件学习方法，研究油价冲击对中国 GDP、CPI、汇率、进出口的影响。结果显示，油价上升也会对中国经济增长产生负向影响，而对物价水平具有提升作用。进一步发现波动幅度巨大的油价冲击对中国进出口具有更显著的影响。吴振信等（2011）运用向量自回归模型，构建了原油价格与经济增长、物价水平、货币政策、失业率之间的动态关系系统，着重探讨油价波动对我国一些重要经济变量，特别是对经济增长的影响规律。其 Granger 因果关系分析表明，油价波动是引起中国经济增长率、物价水平、货币政策等经济指标变化的 Granger 原因。通过滞后 2 阶的向量自回归模型及脉冲响应函数分析油价上升对我国经济的主要影响，结论包括：不会使国内生产总值减少，但会使经济增长速度变缓；通过对总需求的拉动及成本增加这两条途径使物价水平上升；长期内会使失业率增加；增加了有效实施货币政策的难度。整体来看，尽管国际油价及我国的经济变量复杂多变，但由国际油价、经济增长、物价水平、货币供应量与失业率这五个变量所构成的经济系统是稳定的，也就是说，通过市场经济的自动调节和政府的宏观经济调控，我国的经济能够平稳、有序地发展。此外，还有 Tang 等（2010）利用结构向量自回归模型分析发现，油价上升可以引起中国产出与投资的降低，但会引起物价与利率的提高。

与上述油价冲击带给中国经济负向效应的观点相反,Du等(2010)以1995年1月至2008年12月为样本区间,利用多变量向量自回归模型研究了油价与中国宏观经济的关系。结果显示,油价上升可以促进中国经济增长、提高物价水平,但是该影响是不对称的。另外,该研究发现中国经济增长未能影响到世界油价。无独有偶,张大勇和曹红(2014)从短期和长期两个角度出发,分析了国际油价冲击与我国经济增长之间的相互关系。研究结果表明,在短期,国际油价的变化会影响我国的经济增长,但这种因果关系是单向的、正向的;在长期关系探讨中,该研究引入了非对称协整模型,发现传统的分析方法存在误差,通过进一步分析,确认了在国际油价与我国宏观经济的长期关系上存在非对称性,正向冲击与负向冲击在长期均衡中的作用相异,油价上涨对经济的影响程度远远高于油价下跌时的影响。针对油价的正向效应,该研究给出的可能的解释为,这与我国当前处于工业化和城市化快速进程当中、政府较强的投资拉动、相对廉价的劳动力成本优势、国内市场对油价的调控以及可能存在的国内企业与家庭能源消费替代等因素相关。

除经济增长之外,国内学者就油价对我国经济各个层面,如物价水平、能源替代、货币政策、股票市场与进出口等带来的冲击进行了深入研究。

林伯强和王锋(2009)运用投入产出价格影响模型,分析在能源价格不受管制和受管制两种情景下,模拟能源价格上涨导致中国一般价格水平上涨的幅度。结果表明:在能源价格上涨可以完全和顺畅地传导到一般价格水平的情景下,如果不考虑预期等因素对价格的影响,各类能源价格上涨导致一般价格水平上涨的幅度都比较小;价格管制对能源价格向一般价格水平的传导具有一定的控制效果。基于递归的结构向量自回归模型,发现能源价格上涨虽然在第1个月就会对中国PPI产生影响,但影响较小,大致在滞后6个月才会产生较明显的影响;能源价格上涨对CPI的冲击非常弱,其传导到CPI上的滞后时间没有充分表现出来。

任若恩和樊茂清(2010)运用1981—2005年的投入产出时间序列数据,根据KLEMS框架,采用超越对数生产成本函数建立了中国跨时优化一般均衡模型。在此基础上,研究了国际石油价格变化对中国石油与其他能源投入要素之间的替代以及对国民经济总体和各部门经济的影响。结果表明：1980—2005 年各部门的石油与其他能源产品之间的平均 Morishima 替代弹性均为正；国际油价对中国 GDP、CPI 以及各部门产出价格有一定影响，而且具有时间滞后效应。魏巍贤等（2012）构建了包含家庭、中间品部门与最终品部门的三部门 DSGE 模型，着重研究能源冲击对中国经济的影响，并探讨冲击的传导途径。发现外生冲击的传导机制由模型的消费跨期代替、劳动力与消费替代、利率政策等决定，但是各种冲击的具体传导路径存在差异。模拟结果显示：各种冲击来源中能源冲击对宏观经济的影响最大；若使用国际能源价格进行冲击试验，则我国的经济波动会进一步放大；而利率规则有减弱经济波动的效果。

李霜等（2012）通过构建一个包含石油价格冲击的 DSGE 模型，基于经济波动风险的最小化，研究了石油价格冲击对中国货币供应机制的影响。在模型结构参数贝叶斯估计的基础上，通过货币政策前沿的比较分析，回答了中国货币供应机制是否应该对石油价格冲击做出反应以及应该如何反应的政策问题。研究结果表明，中国当前的货币供应机制并没有对石油价格冲击做出显著的反应，但为了减小经济波动的风险，中国的货币供应机制在对产出增长和通货膨胀做出反应的同时，对石油价格冲击做出反应具有必要性。Ou 等（2012）利用结构动态因子模型分析了 1997 年 1 月至 2011 年 8 月的 71 个宏观经济数据，主要结论为：首先，发现中国的价格水平，包括中国国内的油价、进口品价格、生产者价格、零售价格、消费者物价水平受到 WTI 国际原油价格影响的程度正在减弱；其次，中国对外贸易与股票市场的 WTI 油价冲击效应大于投资、消费与工业生产的 WTI 油价冲击效应；最后，中国利率与银行同业拆借利率均在 WTI 油价冲击后升高。

Faria 等（2009）研究发现，中国的出口与油价上升呈正相关关系，即油价上升可以促进中国商品的出口，并且中国经济增长可以引起国际油价的上升，以及会给同中国具有出口竞争关系的对手带来影响。与此结论相反，笔者（2015）研究认为中国经济未对近年特别是 2008 年飙升的国际油价产生影响，一个可能的原因在于中国原油消费占世界总消费量的比重依然较低。

谭小芬等（2015）研究发现，来自基本面的供需压力和金融投机是影响油价运行的主要因素，发达国家大规模宽松货币政策使得全球流动性对油价的冲击效应显著增强。全球原油产量大幅增加和美元汇率走高是造成2014年下半年以来油价加速下跌的主要原因。王朝阳等（2018）则探讨了国际油价与中国新能源股票价格之间的波动溢出效应，研究发现国际油价对中国新能源股票价格存在单向的均值溢出效应，新能源股票价格对国际油价的变化比较敏感，而国际油价则基本不受中国新能源股票价格收益率变化的影响。

郑燕和马骥（2018）关注国际油价对我国粮食价格的效用问题，研究发现，2001年以来国际原油价格对我国国内粮食价格的冲击影响具有明显的时变性特征，2010年之前冲击波动较为剧烈，2010年之后冲击波动较为平稳；国际原油价格对粮食及不同品种粮食价格的影响基本为正向冲击，且随着滞后期的增加冲击逐渐减弱；从不同粮食品种价格来看，受国际原油价格影响最大的是玉米价格和大豆价格，其次是籼米价格和小麦价格；从长期来看，国际原油价格对大豆价格的影响较为平稳，对玉米价格和小麦价格的影响呈增加态势，对籼米价格的影响波动起伏；国际原油价格在不同时期对国内粮食价格的冲击力度和持续时间不同。而Zhang和Chen（2014）则发现金属与谷物指数没有明显受到油价预期波动性的影响。

王爽等（2018）专注于瓜达尔港通航后对中国进口原油运输的影响问题，研究发现，运输成本和运输可靠性的不同权衡会带来不同的路径选择，瓜达尔港的运营风险和接卸能力也会影响到中国的输油路径选择。

2.4 与页岩油革命相关的最新文献

页岩油革命除了给世界经济、世界原油市场带来显著变化之外，同样给学术研究带来了新的研究课题。

首先，关于页岩油革命对经济的影响，McColluma 和 Upton Jr.（2018）研究发现，在拥有页岩油和天然气的地区，拥有房产的借款人在2007—2014年拖欠抵押贷款的可能性降低了6%。将这些结果与繁荣的规模联系起来，该研究发现100多个钻井平台的违约率下降了3.2%。Mǎnescu 和 Nuño（2015）利用一般均衡模型研究页岩油革命对油价与经济增长的影响问题，研究发现，美国GDP在2010—2018年因为原油出口会额外增加

0.2%,而2014年下半年开始的油价下跌同样是由意外的原油供给增加所导致。

其次,关于页岩油的开采问题。Smith(2018)提出了一种估算美国剩余页岩油储量供给曲线的新方法,该方法应用"不替换连续采样"原理,从历史钻井数据中求取剩余钻井场地数量和产能的最大似然估计。如果国际油价保持在每桶50美元附近,估算出美国巴肯油田可采资源的50%约为80亿桶的开采量。Tan和Barton(2017)提出了一个综合的供应链优化模型,用于确定美国页岩油气基础设施投资的最优方案。Smith和Lee(2017)则建立了一个页岩油开发模型,发现资源储量在其价格上是高度非弹性的。臧雷等(2015)研究了页岩油革命对国际原油市场的影响。该研究基于恒定弹性假定以及开采成本以利率的速度随时间增加的假定,提出如果产油商进行产量博弈,纳什均衡表明面对页岩油革命的威胁,OPEC没有理由改变开采计划,但随着总产量的增加原油价格将在更低位置上建立均衡。孙瑞等(2018)认为随着2018年国际油价的反弹,美国页岩油的外溢效应逐步扩散,加拿大、阿根廷与俄罗斯都已开始生产页岩油。

最后,关于页岩油革命与油价的关系问题。Monge等(2017)将美国页岩油革命与WTI原油价格联系起来,发现自借助水平钻井技术与水力压裂的结合,页岩油被开采以来,原油市场经历了重大变革,美国原油产量意外地强劲上升,影响了WTI原油价格。该研究还利用小波方法观察到2003—2009年的小波相干频率向高频率移动,而在2009—2014年则出现了较低频率的变化。宋建宇(2018)认为美国页岩油的大幅开采,逐渐削弱了OPEC的垄断地位,页岩油的大规模开发已深刻影响到国际原油价格。

2.5 对现有研究的评价

综上所述,现有研究围绕国际原油价格问题展开了一系列相关研究,并且取得了丰硕成果,为本书提供了丰富的研究路径与研究结论,本书从以下两个层次对现有文献进行述评。

第一层次,关于油价波动起因的研究。国内外众多文献紧紧跟踪国际油价的波动趋势,深入研究国际油价本身的运行规律及其背后的全球经济走势,取得了相当深入的研究成果:第一,就近年来原油价格与全球经济的关系达成了共识,认为油价已是全球经济增长的内生变量,全球经济的景气状况会反作用于国际油价。第二,针对原油供给在油价上涨中的作用问题形成一致结论,已经意识到 OPEC 等产油组织(国)控制油价的能力在逐步减弱。第三,普遍认为油价波动会引起美元汇率的变动,而美元汇率变化未显著影响国际油价的波动,无证据证明美国为了本国利益而操纵美元汇率的现象,况且美国自 2015 年开始已成为原油出口国。第四,认为中国经济增长引起了近年国际油价的上涨,特别是该观点在海外学者中有众多的拥护者。第五,虽然经济学者尝试利用各种先进的计量方法、时间序列分析方法来预测油价,但是效果均不理想,这说明国际油价的多重成因与目前预测技术的局限性共同造成了国际油价的预测难题。第六,原油在现代经济中起到了动力中枢的作用,所以即使油价巨幅波动,但是其需求价格弹性很低,说明各国经济发展对原油的刚性需求很强,经济发展严重依赖于原油。而原油供给价格弹性较低同样说明原油生产国对原油出口的严重依赖性,在油价的上涨与下跌中均不肯轻率地增产或者减产。

可见,已有文献几乎已经对涉及油价波动的各种经济变量、各类相关问题进行了相当深入的研究,取得了相当丰硕的成果,基本上掌握了国际油价的动态演化规律,但是受限于计量方法,我们依然缺乏对国际油价波动趋势的细致捕捉。例如,现有的统计体系可以时时记录国际油价的走势,实现了对日价格、周价格、月价格、季度价格与年度价格的全部记录,但是其余相关经济变量受限于统计频率的问题,无法在日价格、周价格等频率上与油价进行匹配建模。因此,到目前为止大多数研究只能根据月度数据进行建模分析。但是已有的计量方法仅能够针对某一时间段内的情况进行整体描述,未能细化到每一个月份上油价波动的具体起因,而本书的研究将在方法层面进行尝试,以期实现数据信息的最大化利用。

第二层次,关于油价冲击的经济效应研究。众多的先行研究对油价波动与经济增长之间的关系进行了细致、深入的研究,目前可以得到如下基本结论:第一,油价上涨一般会给原油净进口国带来负面影响,最直接的表现为 GDP 增速放缓、产出下降。第二,无论在哪一时期,油价的上升均会引起工业生产原料成本、交通成本的上升,最终都会导致一国物价水平的整体上升。第三,鉴于高油价冲击的经济危害性,中央银行一般都会出台货币政策以减缓油价上升带来的经济衰退,虽然货币政策会平抑物价水平,但是往往会加剧油价带来的经济衰退。第四,关于油价涨跌对经济增长影响的对称性问题,目前没有权威的定论。但是普遍认为巨大幅度的油价波动会引起经济主体的非线性反应。第五,将该问题置于历史视角下,文献普遍发现2000年后同样幅度的油价上升对经济的影响程度已较19世纪70年代以及19世纪80年代的影响程度大幅度减弱,并且经济学家从原油依存度的下降、货币政策的调整以及价格黏性等层面进行了解释。第六,虽然油价冲击经常出现在宏观经济学的教科书中,并且以总供给冲击进行举例,但是实证研究发现油价上升对经济的最直接影响在于物价上升后消费者支出的减少,似乎是总需求曲线的移动。

现有文献对于油价波动对经济的冲击效应已经研究得非常透彻,但是仍然无法解决一个关键性问题,即为何有的原油净进口国能在油价上涨中保持经济正向增长,例如,Blanchard 和 Galí (2008) 发现日本以及 Du 等 (2010) 发现中国在油价上升中的异常反应。本书针对这些异常现象,尝试从一国经济增长结构层面进行合理的经济学解释,基本观点认为一国经济抵御油价冲击的能力与该国的经济增长结构密切相关,合理、健康的增长结构、能源的消费结构以及产品的低能耗特点有助于抵御油价冲击。

3 原油与经济增长关系的理论阐释

3.1 经济学理论中的原油

3.1.1 宏观经济理论的分类

如何促进经济增长是经济学最主要的研究任务，也是经济学发展中的永恒主题。遗憾的是，任何经济体本身并不会持续、平稳地增长，而是在增长过程中夹杂了波动，甚至衰退。因此，根据经济整体的运行特征，可以将宏观经济学理论细分为两部分——经济增长理论与经济周期理论。经济增长理论的核心是关注主要经济变量之间的因果关系，研究生产、消费与投资之间的逻辑体系与传导机制，深入至经济体总量如何增加、质量与结构如何优化，最终分析目的是如何保持经济的可持续增长，从而满足人类不断增长的各类需求。

1929 年源于美国，后来波及整个资本主义世界的大萧条引起了严重的经济衰退，使得经济学界开始重点研究大萧条的起因，这大大地促进了经济周期理论的发展。经济周期理论主要研究是什么力量使经济扩张与衰退呈现出周期性的往复循环活动、如何判断经济运行所处的周期与阶段，以及哪些因素决定了经济周期波动的强度与持续的时间。目前经济周期理论中较成熟的周期长度划定有以下几种：3~4 年的基钦周期、9~10 年的朱格拉周期、50~60 年的康德拉季耶夫周期、15~25 年以建筑业的兴衰为依据的库兹涅茨周期。研究方法上，学者们借助于时间序列分析技术，把主导经济运行的不同作用因素逐一分离出来，并研究它们之间的合成关系，建立各类指标对每一个经济周期进行划分、分析与预测，以期准确掌握经济周期的发生和发展规律，做好经济周期的预警与应对。

在现实经济世界中，经济增长与经济波动往往同时发生，增长中有波动，在波动中增长，二者相互作用。而原油与这两部分理论都密切相关，具体原因分析如下：

首先，原油是经济发展的必备物资，时至今日依然具有不可完全替代性。由经济增长理论中经典的柯布—道格拉斯生产函数可知，$Y = AL^{\alpha}K^{\beta}$，其中，Y代表产出，A代表技术，L、K分别表示劳动和资本。实际上，这个生产函数仅仅告诉我们，生产的组织形式与过程，仅仅是生产的必要条件，而不是充要条件。由能量守恒定律可知，仅有这三个要素无法生产出任何新的物质商品，想要有产出必须有物质与能量的投入才可以。能量的投入在人类社会发展历程中经历了人力、畜力、植物薪柴、水能、风能、煤炭、天然气、石油、电力以及核能等形式，而能量投入中的一项重要内容就是能源的消耗。从早期人们利用能源进行取暖、煮食、照明等来满足基本生存需求开始，到运输、冶炼等简单生产，直至目前电力、原油等能源在各产业中的大量使用，均表现出能源的重要性。可见，经济增长的一个基本条件就是能源使用量的增加，即使随着技术进步单位GDP能耗在下降，但是总量依然在增加。

其次，原油的供给短缺往往引起经济增速放缓甚至衰退。从人类1859年第一次工业开采出原油开始，经过100多年的发展，石油逐渐取代煤炭成为发达国家最主要的一次能源，在其经济发展中具有举足轻重的地位。但是鉴于世界原油禀赋分布的空间差异性，发达经济体往往缺乏充足的原油资源，而原油储量丰富的地区往往地缘政治不稳定，如中东、北非地区。一旦这些地区爆发局部冲突或者战争，即使该地区的原油减产绝对值非常小，但是国际原油期货市场往往会放大这种减产的短期效应，容易形成原油供给短缺的市场预期。一旦战争扩大，则会进一步引起发达国家短期内原油战略储备的增加，甚至引起经济恐慌。最显著的例子是在1973年第一次石油危机期间，石油输出国组织的石油禁运导致了美国等发达国家经济的严重衰退。

最后，原油价格的暴涨暴跌会引起经济波动。在21世纪之前，特别是在1973年、1979年的两次石油危机中，原油供给短缺与禁运是油价急剧震荡的最主要原因。而21世纪以来，随着地缘冲突的减少、新兴经济体经济的快速发展，甚至由于美国页岩油、页岩气等非常规原油开采技术的进步，原油供给很少出现短缺，此时整个经济学界均认为油价不会再出现大幅震荡。但是2003—2008年油价的持续走高，2008—2009年油价的急剧下跌、回升，以及2014年6月之后的持续下跌，均给学术界带来新的意外。原油价格非但不稳定，其波动还呈现出复杂化、剧烈化、频繁化特征，这背后原因不仅有非常规石油开采技术的进步，还有新兴经济体经济快速增长下的强劲需求，尤其是金融市场上投机资本的兴风作浪。在这种情况下，原油价格的不确定性波动成为世界经济发展中的最大变数。由于原油既是化工冶炼等行业的生产原料，其成品油又是社会交通的"血液"，油价波动必然带来工业国商品生产成本与物价的调整，继而引起就业、产出等层面的一系列变化，最终导致世界经济波动。

3.1.2 石油危机促进经济理论的新发展

原油不仅是重要的生产原料，而且因其不可被完全替代的独特性质、在经济发展中的重要地位，对经济学理论的发展也产生了重要作用。大萧条的发生宣告了新古典经济学自由放任主义的破产，主张国家干预的凯恩斯主义开始兴起，其有效需求理论成为经济学界的主流观点。但是随着1973年第一次石油危机的爆发，发达国家普遍出现高通货膨胀、高失业率、低经济增长的现象，使凯恩斯主义遭到了质疑。发达国家普遍陷入"停滞性通货膨胀"的困境，而现有经济理论无法解释滞胀现象，例如，菲利普斯曲线表明失业与通货膨胀存在一种交替关系，通货膨胀率低时，失业率高；通货膨胀率高时，失业率低，二者不会同时高起。因此，凯恩斯主义以后的经济学派尝试对该现象进行合理的经济学解释。石油危机客观上促进了经济理论的发展，由此引发的主要经济学理论新发展总结如下：

第一，新古典综合学派认为结构性失业的存在导致了滞胀的发生。劳动力市场理论上的均衡状态是全体工作岗位与全体劳动者的完全匹配——既无闲置的工作岗位又无劳动力失业。但现实经济中这种情况很少出现，无法实现劳动力与工作岗位的一一对应：要么工作岗位无人应聘，要么有人没有工作，要么二者同时存在，呈现出结构性失衡。究其原因，因为工人的岗位不同、技术水平不同、工作偏好不同、性别不同以及居住地不同，劳动者本质上不是同质的生产要素，也就无法实现完全替代。同样，某一工作岗位需求的劳动力也有着性别、年龄、学历、技能以及户口的不同要求。上述两个原因共同造成劳动力市场结构性失衡现象的发生，即存在结构性失业。

不仅于此，由于存在工资刚性和价格刚性，市场并不会针对新变化立即进行调整。即使有人失业，工资水平并不一定会立即下降，因为企业还有闲置岗位无人应聘，工资甚至还会高涨，出现所谓失业与工资上升并存的滞胀局面。具体针对原油的情形，如果是因为原油的供给短缺引起了油价上涨，那么一方面，原油勘探部门面临扩张，劳动力的需求增加；另一方面，因为油价上涨导致成品油价格上涨，汽车销售困难，该部门的工人可能面临裁员，以致引起相应产业部门工人的复杂流动，但工人由于自身的技术水平所限不可能全部适应新岗位，容易引发结构性失业，最终导致经济整体产出的减少与物价水平的提高，即滞胀。

第二，新剑桥学派认为商品价格的变动主要取决于其可变成本与货币工资率的变动，二者相互作用导致了滞胀的发生。该学派认为，首先，现代资本主义的市场竞争是不完全的，具有垄断因素，大企业可以对其生产的产品价格进行操纵，而各种商品的相对价格决定于各自的技术水平与分配关系。其次，在短期内，由于工资刚性和价格刚性的存在，企业产品的单位可变成本是不变的。再次，该学派认为企业为了维持一定的利润水平，一般都是在可变成本的基础上再增加一定比率的毛利形成商品价格。加成比率的大小则主要取决于该产品在市场上的垄断程度。货币工资率是由劳资双方的工资谈判所决定的，货币工资实际购买能力则受到企业资本家投资决策控制。如果投资率升高，那么较多的资源被用于投资品生产，消费品生产的比率就会相对降低，产出总体下降，物价水平上升，货币工资的实际购买力随之降低，这会促使工人提出提高货币工资的谈判，导致企业成本增加，商品价格会进一步提高，最终带来物价与工资、工资与物价的螺旋式上升。此种情况下，即使大量失业也难以抵消物价水平的持续上涨，最终形成滞胀局面。

第三，货币主义学派认为滞胀的原因在于货币增长率超过经济增长率。货币主义在解释滞胀问题时引入了适应性预期这一因素，即人们根据过去的经验来形成并调整对未来的预期。当通货膨胀发生时，工人自然要求增加名义工资。但是，由于短期内工人不能及时调整通货膨胀预期，预期通货膨胀率可能低于以后实际发生的通货膨胀率。因此，工人所得到的实际工资可能小于先前预期的实际工资，从而使企业的实际利润增加、投资增加，失业率下降。但是，随着工人不断调整自己的预期，预期的通货膨胀率同实际发生的通货膨胀率逐渐逼近。此时工人一般会要求增加名义工资，以保持其实际工资不变，此时通货膨胀没有起到减少失业的作用。而在长期中经济增长能实现充分就业，失业率是自然失业率，此时无论通货膨胀率如何变动，失业率总是固定在自然失业率的水平。正是因为存在自然失业率，凯恩斯主义以充分就业为目的的扩张性经济政策就无法完全消灭失业。此类扩张性政策的实施只会使投放的货币超过经济增长的实际需要，引发通货膨胀，而又无法消灭失业，最终出现严重的滞胀局面。实际上，众多实证研究的文献已经发现中央银行为了应对油价高涨带来的不利经济影响所采取的货币政策反而加剧了滞胀。

第四，供给学派则从供给不足的角度来阐释滞胀问题。供给学派认为，凯恩斯主义将需求视作经济系统中的首要因素，将供给视作次要因素，实际上颠倒了因果关系。面向需求的政策，即政府去设法改变各阶层的收入差距扩大状况，以提高低收入者的需求水平，比如向高收入者大量征税、扩大社会福利等。这些政策的实施，一方面打击了居民储蓄、投资、就业的积极性，另一方面拉低了失业成本，使很多人甘于失业。这些因素正是导致经济衰退和通货膨胀并存的根本原因。该学派认为，解决滞胀的唯一办法是提高劳动生产率以增加供给。政策层面，供应学派还认为大幅度降低税率是增加供给的重要手段。人们从事劳动和进行投资并不是为了纳税，而是期望得到丰厚的税后净收入。这种净收入越高，劳动或投资的积极性也就越高；反之则越低。降低税率虽然在短期内会导致政府税收减少，但由于降低税率刺激了企业生产和个人就业的积极性，课税面会扩大，长期内税收会增加。因此，降低个人所得税和公司所得税，特别是削减边际税率是增加供给的重要手段。

理论界对停滞性通货膨胀现象的解释除了引发经济学理论新发展之外，对后续的真实经济周期（RBC）模型、理性预期与卢卡斯批判的发展也起到了积极的促进作用。

凯恩斯主义理论将经济波动归结为有效需求不足，认为投资不足、消费不足等需求方面的因素引起了经济波动。但是，由原油供给短缺引发的供给因素同样带来了巨大的经济波动，使经济学界开始反思供给因素也应是经济波动的一个原因。进一步地，希克斯（1937）用 IS – LM 模型阐述的凯恩斯需求管理思想也受到了卢卡斯（1976）等理论的批判，卢卡斯（1976）等理论的基本观点是，宏观经济政策执行前后不能用同一个模型来刻画，因为政策执行前后经济主体会根据政策的实施来改变经济行为或者决策，导致模型的结构参数发生改变。解决这个问题的方法就是使经济主体，包括家庭、企业以及政府具有微观的优化决策基础。例如，让家庭的效用最大、企业的利润最大、政府或者央行的政策目标清晰，即后来的 Kydland 和 Prescott（1982）提出的让经济主体具有理性预期而不是适应性预期来优化自己的行为，允许这些主体对工资或者价格具有一定的市场操控能力，使其可以借助金融市场来借贷等。真实经济周期模型就是运用动态分析的方法，通过确定经济主体的最优化函数，即具有微观基础的理论来描述宏观经济周期模型。

技术进步在各种经济理论中均占据重要地位。企业技术进步的一个重要动力是降低内部成本，在市场上形成成本优势。而每一次石油危机都伴随着高昂的油价，这在客观上促进了企业的技术革新，特别是在能源利用方面，而技术进步在 RBC 模型里也起到了重要作用。例如，真实经济周期理论的支持者纳尔逊和普罗瑟（1982）发现，如果技术进步是持久的，那么经济的短期波动与长期增长是同一个过程；如果技术进步是随机的，那么随机游走的实际产出轨迹就是经济周期过程，而每一次冲击就会形成一个新的增长轨迹。因此，真实经济周期理论实现了增长与周期的统一。

此外，随着互联网经济、共享经济的兴起，以前传统经济理论中的一个重要假定——边际收益递减规律，在新的经济增长理论中已被推翻。例如，生产要素中的技能、知识、创意、先进的管理思想等都具有递增的边际产出性质。新近的理论发展将之前普遍假设成人力资本、技术进步等外地因素内生化，认为引起人力资本变化、技术进步的因素与经济发展的客观要求密切相关，在经济系统内部的一些因素可以促使人们劳动技能的提高（干中学）、新技术的出现。此时新技术的出现已经不是天才与灵感的闪现，而是经济主体有意识投资的结果，比如人力资本投资、R&D 等。

3.2 经济周期波动与油价波动的理论关系

经济周期也称为景气循环或者商业循环，是指经济发展的总体趋势呈现出周期性的经济扩张与经济紧缩。虽然经济周期的时间长度不一，从几年到几十年不等，但是一旦定义了一个经济周期，就不能再对其进行更短时间上的划分。

经济理论的发展总是来源于对现实世界某一经济现象的解释或者预测。随着19世纪末期资本主义经济危机的频繁出现，宏观经济学家们开始关注经济运行的周期性波动。经济学家们既寻求对经济周期来源的理论解释，同时又努力提供减轻其冲击程度的政策建议。目前经济学界主要将经济周期性波动的起因划分为内生性起因和外生性起因，具体有如下几种理论：

第一，马克思主义政治经济学认为经济系统内部的生产过剩是产生经济周期的根本原因，而生产过剩产生的根源在于生产的社会化与生产资料资本主义私有制之间的矛盾。货币的出现使商品的交易在时空上出现了分离，货币与商品不再时时同步转化。此时的经济系统出现了生产与交易的分离、生产与消费的分离，这些分离导致了生产与消费的不匹配，造成了生产过剩，引发了经济危机，其后续的调整、复苏等过程造成了经济周期的出现。由此可见，生产过剩引发的经济危机与经济周期是资本主义内部固有矛盾造成的，无法避免。

第二，古典主义认为经济系统本身是稳定的，只有外生性因素才会导致经济周期的发生。关于生产过剩危机，古典主义与马克思主义政治经济学的观点相反，基于萨伊定律，其认为供给会创造自己的需求，经济系统不会发生任何生产过剩的危机。该理论的核心特征是认为工资没有刚性，可以灵活调整，所以劳动力市场始终处于充分就业状态，系统自身具有协调性和自洽性，其内部不会产生经济波动，也就不会发生经济周期现象。古典主义认为是战争、太阳黑子等外部因素引起了经济的周期性波动，所以古典主义的政策理念是自由放任主义，不主张政府干预经济，认为政府只需为自由竞争市场创造良好的外部条件即可。

第三，凯恩斯主义认为经济周期波动的起源来自经济系统内部，特别是不稳定的消费与投资。该理论与古典主义的主要区别在于,凯恩斯认为商品价格和工资都不能随时灵活调整,具有一定的刚性。总需求的变化不能使价格或工资迅速调整至均衡状态,无法实现充分就业,产量会发生变化,即总需求的不稳定导致了经济的波动。进一步地,凯恩斯主义认为有效需求不足是导致经济衰退的根本原因。因此,凯恩斯主义应对经济周期的政策主张是国家干预经济:经济繁荣时,政府应增加税收来给经济降温;经济衰退时,政府应减税刺激经济复苏。

第四,虽然货币主义同样承认经济波动来自经济系统内部,但是其与凯恩斯主义的区别在于,总需求不稳定不是由消费和投资的不稳定所造成,而是由于货币供给量的不稳定造成,所以其认为货币冲击是经济波动的根源,具体来说,就是经济行为主体对价格等名义变量的预期错误导致了经济波动。因为在短期内,人们会出现货币幻觉,加之央行的不稳定政策导致了总需求的波动,造成实际产出与充分就业水平下的产出发生偏离。为了应对经济周期波动,货币主义的政策主张是把货币存量作为唯一政策工具,政府应该宣布在长期内固定不变的货币增长率,并且该增长率应该在保证物价水平稳定不变的条件下与预计的实际国民收入在长期内会有的平均增长率相一致。

第五,实际经济周期理论与货币主义的一个显著区别是,不论长期短期,认为货币都是中性的,不会对实际变量产生作用,经济周期是由以技术进步为代表的实际因素引起的。当然,这些实际因素既可以是经济系统的内部因素,也可以是外部因素。实际因素包括地震、战争、技术进步、石油危机、人口变动、政府干预等,并且将这些因素总结为供给性冲击,而不是凯恩斯主义所认为的需求性冲击。数学形式上,实际经济周期模型将各类型冲击定义为一个带有漂移项的随机游走过程。该理论的一个特点是,认为市场可以持续出清,所以均衡是经济常态,经济波动仅仅是经济重回均衡状态的自我调节过程。

关于经济周期理论的学说与观点可谓卷帙浩繁,通过以上的理论梳理,我们可以发现,目前学界的共识主要有如下几点:首先,经济系统本身可以实现平滑的增长,但是各类型冲击的发生会引起经济系统不同时长、不同幅度的周期性波动。其次,经济周期不可避免。不管经济处于什么发展阶段、属于什么发展模式、采取什么经济政策,经济增长都会呈现出周期性变化。在全球化、一体化进程加速的今天,各国的经济周期表现出同步化、同质化特征。再次,经济学家认为经济周期的发生虽然不可避免,但是采取合理的政策可以减缓经济波动带来的负面影响。货币政策、财政政策、人口政策、产业政策的相机应用可以有力地改善经济波动的不良后果。最后,因为经济波动具有周期性,大量经济学家认为研究经济周期发生的规律可以提前对宏观经济运行进行监测预警。进入21世纪以来,世界经济发展过程中的不稳定、不可控因素增加,特别是2008年国际金融危机后各国经济复苏普遍乏力,在此背景下,有必要提前对各类风险和恶化性因素进行监测、预测以及预警。

不同于经济周期波动理论的逻辑推演,按照历史发展脉络,下面我们分析油价波动的特征,可总结如下:

首先,1950—1973年,原油价格主要是被"石油七姐妹"——埃克森公司、英荷壳牌石油公司、莫比尔公司、德士古公司、英国石油公司、加利福尼亚美孚石油公司与海湾石油公司联合控制。它们对整个资本主义石油市场进行了寡头垄断,可以左右国际石油贸易、操纵市场价格。需要注意的是,虽然世界原油市场结构为寡头垄断结构,但是此时油价相当低廉,长期稳定在1.8美元/桶附近(名义美元价格)。因为英美国家的"石油七姐妹"在墨西哥、委内瑞拉、印度尼西亚、伊朗等国家以很小的代价取得了大面积租借地,不仅攫取了勘探开采许可权,而且拿到了石油资源的所有权,为了本国经济利益,一起合谋压低油价。直到1973年1月,国际油价才上升到2.95美元/桶。该时期国际原油处于畸形的市场结构之下,油价波动表现为受人为控制,没有周期性特征。低价格没有体现出原油的应有价值,导致七姐妹石油公司与原油所在国之间的矛盾日益加剧。在此情形下的国际油价与世界经济没有多大关系。

其次,1973—1991年,国际油价经历了1973年、1978年的两次暴涨、1986年的暴跌以及1990—1991年的剧烈震荡。为同"石油七姐妹"争夺原油定价权,各产油国联合起来于1960年9月成立了石油输出国组织(OPEC,简称欧佩克),以便进行系统化、组织化与长期化的对抗。1973年10月6日,第四次中东战争爆发。10月16日,欧佩克决定提高原油价格,随即中东阿拉伯石油生产国决定削减原油产量,并对西方发达资本主义国家进行原油禁运。至1973年年底,原油价格从原来的3.01美元/桶涨到了11.65美元/桶。油价的大幅上涨导致了二战后最大的资本主义经济危机，引起了停滞性通货膨胀。从此产油国掌握了自己的石油及其定价权，打破了西方石油公司对石油定价的垄断，其石油减产与禁运政策引发了此次油价波动。包括后来1978年的第二次石油危机、1990年的海湾战争，欧佩克都在其中的油价管控中起到了主导作用。可见，该时期油价波动的直接原因为供给侧的影响，深层次原因为地缘政治、军事冲突等非经济的外部因素的影响，其波动轨迹与世界经济周期依然分离。

最后，发达国家在前两次石油危机中饱受打击，为了防范原油价格剧烈波动的风险、保障原油供给安全以及降低油价冲击的影响，西方国家于1983年着手组织原油期货上市，并先后在纽约商业交易所、伦敦国际石油交易所等展开期货交易，逐步实现了期货市场应有的价格发现、风险规避及规范投机等作用。自此，国际油价与世界经济紧密相连，特别是与美元币值、全球经济景气程度、流动性过剩等因素密切相关，OPEC的市场控制能力开始下降。特别是进入21世纪以来，随着新兴经济体的崛起，原油消费量日益增大，导致国际油价在2003—2008年急剧上涨。随着2008年下半年国际金融危机的爆发，在各国经济严重衰退的情况下，期货市场上投机基金的撤出以及原油实际需求的骤减导致了油价的巨幅下跌。最近一轮的油价下跌始于2014年6月，主要原因同样是各国经济低迷下的消费需求萎靡以及非常规原油的大规模生产，例如，以前的原油净进口国美国已经变成了原油出口国。至此，国际油价的波动已经完全与世界经济周期紧密结合，并相互作用。

由以上分析可以发现，经济周期波动与油价波动的联系在于：

第一，二者均对经济增长造成了影响，打乱了原有经济系统的正常运行轨迹。一个经济体在其自身的发展过程中，要么遭受内部因素的干扰，要么遭受外部因素的冲击，都会偏离原有的运行状态。对于经济周期波动，理论工作者喜欢研究其波动的起源、持续的时间、对经济整体造成的影响以及监测预警的可能。对于油价波动，经济学家们同样喜欢研究油价涨跌的原因、对经济系统（包括物价、就业率、产出）各因素的影响以及油价的预测与管控。归根结底，学术界都关心二者对经济整体产生冲击的强度与时长，梳理其影响机制，并最终给出应对措施。

第二，二者都对经济理论的发展做出了贡献。经济周期理论是在

1929—1933年资本主义国家经济大萧条发生后、古典经济学失效后获得了巨大发展,凯恩斯提出了有效需求假说,在主张国家干预经济的思想下,整个资本主义国家才逐步走出经济衰退。而1973年第一次石油危机引发了资本主义国家严重的停滞性通货膨胀,导致失业率高升、物价飞涨、产出下降,此时众多经济学家才针对该现象进行了深入研究,诸如能源消耗强度、能源消费结构、能源安全、能源金融等术语的出现,与其他经济学理论相融合,同样从客观上促进了经济学理论的发展。

第三,二者互为因果。一方面,21世纪之前,油价自身可能会受到宗教矛盾、地缘政治、军事行动等非经济因素的影响而产生波动,凭借其重要的战略地位,经过期货市场的放大作用,继而引发世界经济震荡,此时的油价波动是世界经济周期性波动的"导火索"。另一方面,21世纪的原油市场与20世纪的最大区别在于原油供给充足,几乎不存在供给短缺的情况。例如,美国、中国、俄罗斯、伊朗、委内瑞拉等国的常规原油、非常规原油产量均有大幅提升,并且产油区的地缘政治相对稳定,军事冲突较少,市场结构也由原来的寡头垄断逐步向完全竞争过渡。在此情形下,油价的波动更多地由需求侧的变化来主导,具体包括实际消费需求、金融投机需求以及战略储备需求,与全球实体经济、虚体经济更加紧密地连接在一起。全球经济周期性景气时,原油需求旺盛,价格升高;全球经济陷入周期性衰退时,原油需求减少,价格下跌。除此之外,近年来全球实体经济不振,流动性泛滥,更多的投机基金涌入原油期货市场进行投机性交易,使得国际油价出现大幅震荡,故由经济层面问题引发了油价波动。

经济周期波动与油价波动的区别在于:

第一,经济周期波动的发生具有必然性,而油价波动具有偶然性。一个经济周期,即使经济系统外部没有诱因,系统内部的投资、生产、消费、贸易、金融以及财政等领域相互作用,形成一个明显趋势或者合力后也会发生波动,具体通过一系列经济行为、决策的传递和扩散,并且各变量间有先行、一致、滞后指标的区分,一定是有先兆、有过程、有结果的。根据经济周期发生的规律性,人们目前已经发展出一整套的宏观经济周期预警理论与方法,借助于先行指标,可以实现对经济周期波动的预警。而油价的变化除了受到经济条件的影响外,临时偶然性诱发因素较多。例如,2005年美国卡特里娜飓风导致原油价格急剧飙升,而飓风过后，各国动用储备原油，迅速平抑了油价。又如，2016年年底OPEC各方与俄罗斯达成的原油冻产协议就可以瞬间影响到原油期货价格。

第二，经济周期波动的发生具有长期性，而油价波动具有短期性。经济学家把经济周期波动的周期长度划分为四个类型：①基钦周期。该周期属于短期波动，一般持续40个月左右。这种波动与商业库存的变化息息相关，所以又称为库存循环。②朱格拉周期。该周期属于中周期，长度一般为8~10年。该周期是由失业、物价等设备投资的变化而引发的，所以该周期又称为设备投资循环。③库兹涅茨周期。该周期一般持续20年，是由建筑活动的循环变动而引发，所以也称为建筑循环。如建筑的使用寿命、铁路网、公路网的建成，产业结构的变化等原因。④康德拉季耶夫周期。该周期属于长周期，一般为50~60年。引起该周期循环的主要因素为人口的增减、新资源的开发使用、地理上的新发现、战争等。而油价波动短则几天，长则几个月，很少出现一年以上的持续性波动，因为引起油价波动的因素多为突发性因素，持续时间短，如金融投机、恶劣天气、战争爆发等因素。需要说明的是，经济状况发生深刻改变，则会使油价整体位移，这就不属于油价波动了。如2014年后全球经济萎靡，持续性的需求减少将油价定位在了50~60美元/桶，难以再现大幅涨跌。

第三，二者的研究方法与研究目的不同。研究经济周期问题，使用的模型多包含在宏观经济系统内，如企业、政府、银行以及居民的多部门框架，所以使用RBC模型或者DSGE模型，并且使用时间序列分解技术将序列中的长期趋势要素、循环要素、季节变动要素和不规则要素进行剥离，找出先行、一致、滞后指标，然后展开研究，此时研究目的是经济周期的演变机制。而研究油价冲击问题时，多使用VAR、SVAR模型中的脉冲响应函数来观察油价变化一单位标准差时对其他经济变量的影响。此时研究目的是测算油价的冲击大小。近年来，随着计量经济学的发展，借助于高频统计数据，研究方法深入到了某一时点上的具体分析、变参数分析，极大地提高了研究水准，对原油市场的把握更为准确。

3.3 原油、经济理论与经济现实中的不稳定因素

1973年第一次石油危机爆发至今已40多年，国际原油市场经历了万

千变化，不仅其供给、需求与价格发生了巨大变化，也影响了世界经济的深刻变革。在经济学理论体系日臻完善、大数据应用日益广泛、经济模型日益精准、经济政策日益细化的今天，似乎一切经济变量都是可控、可预见的。但是，原油市场与原油价格依然充满了太多的不确定性。这些不确定性既来自世界经济层面，也来自国际原油市场自身层面。这种不确定性引发了经济理论与经济现实的发展。准确把握世界经济走势、深入研究原油市场变化规律，仔细分析它与外生性因素、内生性因素的相互作用关系，可以较为准确地预测原油价格趋势，对于保障中国能源供给安全与经济健康可持续发展具有非常重要的理论意义与现实意义。

3.3.1 影响油价因素的多样性

2008年国际金融危机后，经济一体化、全球化浪潮出现波折，各国均在寻求新的发展模式与管理模式。由于各大经济体的发展阶段、发展模式、切身利益不同，世界经济发展依然充满了复杂性和不确定性。虽然世界政治经济新格局已经形成，但是还夹杂着新的风险，主要表现在以下几个方面：

第一，中东局势以及美俄博弈等地缘政治问题成为世界经济发展中的不确定因素。美国总统关于以色列首都问题的表态可能引起巴以双方、以色列和伊斯兰世界的完全对峙，继而引爆世界的"火药桶"。除了俄罗斯与美国在诸多国际问题上的相反立场外，随着美国国内原油产量的急剧增加，两国又在原油供给与出口方面形成竞争关系。美国甚至利用美元的原油定价权来影响国际油价，致使俄罗斯发生严重的财政危机。这些因素也会造成世界经济的不稳定。

第二，美元加息、减税、贸易单边主义等经济政策可能给世界经济带来不确定性。美元加息会使资金从发展中国家撤出而流入美国，加剧发展中国家的资本市场波动。同时，美国已经于2017年12月通过的减税政策有可能引发全球性的相继减税风潮，给跨国企业和国际贸易带来不安定因素，由此带来的财政债务压力不容小觑。此外，美国退出《巴黎协定》、退出联合国教科文组织等行为，加剧了2008年国际金融危机后贸易保护主义的逆全球化思潮，不利于国际贸易、世界经济的平稳复苏，甚至美国发动的贸易摩擦很可能引起世界经济的新危机。

第三，虽然2017年的国际大宗商品价格持续回升，但是大宗商品的实际消费需求并没有同步回升。可见，大宗商品市场出现了量价分离的现象，反映出背后的实体经济只是在一定程度上复苏，并没有完全、稳固地回到2008年国际金融危机之前的水平。虽然美国经济稳步复苏，但是距离全球经济全面复苏还有待时日。世界经济持续向好过程中依然面临债务风险、新技术革命尚未显现、非金融部门杠杆率过高等不确定因素的影响。

第四，国际原油市场供给依然波谲云诡。2003年至2008年上半年持续的上涨周期使石油价格蹿升至每桶130美元，在世界范围内引起了原油的开采热潮。页岩油由于开采成本高、开采技术要求高，一直未实现大规模量产。但是，此轮油价上涨使得页岩油开采获得了盈利，从2008年开始，美国、加拿大等国的页岩油产量急剧飙升，导致美国从传统的原油净进口国转变为原油出口国，大大地增加了国际原油市场的供给。在2014年6月开始的油价下跌中，不少经济学家都认为原油的供给过剩导致了本轮油价下跌。虽然油价下跌对开采成本高昂的页岩油产业产生了不利影响，但是如果世界经济复苏乏力，一直处于通缩局面下，其开采成本也可以显著降低。因此，非常规原油的供给已经成为国际原油供给市场中不容小觑的一部分。针对这种局面，产油国为了维持自身的利益与高油价，往往会进行减产、冻产谈判。例如，2016年11月30日，OPEC各国与俄罗斯达成协议，将原油日产量从当年10月的水平减少180万桶，其中俄罗斯减产30万桶。此举可以短期内提升油价，并且此协议一再被延长至2018年年底。

第五，流动性过剩会引起国际油价的大涨大落。关注流动性的走向，应特别关注原油期货市场、投机基金等部门。据IMF的数据，由于金融创新杠杆效应的放大，2006年全球金融衍生品交易量达到412万亿美元，是当年全球GDP的10倍，而金融衍生产品占全球GDP的比重高达802%，提供了全球75%的流动性。如此巨量的资金在国际原油市场上的进出必定造成原油期货价格的急剧涨跌。其流动性较难监管，其在国际油价中的作用也不易捕捉。

以上因素均能在不同时间、不同程度地影响到国际油价，所以密切关注这些非确定性因素的实时动态有助于我们准确把握国际原油市场的走势。

3.3.2 预测原油价格的重要性

原油供需和价格一直是各大央行、金融机构以及决策部门的重要参考指标,其地位非比寻常。如果能够实现对短期内原油价格的精准预测,将会给宏观经济的运行、金融部门的政策、产业部门的生产等方面带来稳定的预期,有利于经济增长,可以避免经济波动。

近年来时间序列分析技术发展迅速,预测技术也有所进步。是利用纯粹的时间序列预测方法还是结合经济变量的多变量模型预测方法一直是学界争论的焦点。由以上分析可知,国际原油市场已经是世界经济的重要组成部分,油价已与世界经济紧密相关。所以从经济理论上定性,认为油价波动会受到各方面因素的影响,建立多变量的计量经济模型进行预测较为合理、准确,特别是在模型中引入 GDP、物价水平、PPI、工业增加值等指标可使预测精度大幅提高。

不仅于此,如果预测原油价格的时间序列技术获得突破性进展,则该技术同样可以被运用于受随机因素影响较多的其他经济变量分析中,如股票价格、经济增速、资产价格等重要的宏观经济变量。

3.3.3 开辟理论研究的新领域

目前经济学理论界已对原油问题进行了细致、深刻的作用分析,主要围绕油价波动与经济增长之间的关系展开研究,实证领域也进行了大量的检验性工作,证明了油价波动与世界经济的内生性关系。在此基础上,为密切追踪世界经济发展的新趋势、新变化,我们应该加强该领域理论建设,甚至突破常规,挖掘原油在经济理论发展中的新作用、新机理。例如,我们能否可以从应对油价波动的货币政策中找出最佳的政策应对方案?能否从原油的实际需求中观察到世界经济活力?能否从原油的被替代程度中观察到未来经济的发展路径?能否从原油的供给中观察到资源诅咒的新演变?

本书将针对上述部分问题展开探讨,力争突破经济学研究的边际领域。

4 国际原油市场动态演化分析

4.1 对原油市场的界定

4.1.1 原油

根据《百科全书》的定义，原油又称为石油，是一种黏稠的、深褐色液体。它由不同的碳氢化合物混合组成，其主要组成成分是烷烃，此外还包含硫、氧、氮、磷、钒等元素。石油主要被用来生产燃料油和汽油，燃料油和汽油组成目前世界上最重要的一次能源之一。石油也是众多化学工业产品，如溶液、化肥和塑料等的原料。现今开采的石油大约90%被用作燃料，其余10%作为化工原料。由于石油是一种不可再生能源，其价值高昂，又被称为黑金。

虽然人类进入石油时代以1867年美国宾夕法尼亚州的原油开采为标志，但中国是世界上最早发现和利用原油的国家。早在北宋时期，学者沈括不仅发现了石油，并且知道了它的用途，也预料到"此物后必大行于世"。而今天中文所说的"石油"二字也是他开始使用的，并写了我国最早的一首"石油诗"——《延州诗》："二郎山下雪纷纷，旋卓穹庐学塞人。化尽素衣冬不老，石油多似洛阳尘。"

原油之所以对现代社会至关重要，根本原因在于其自身的多重属性与特性。

第一，原油是最重要的一次能源与化工原料。在大规模开采、利用原油之前，人类使用的能源最初主要集中于植物秸秆，后来又大量使用煤炭。随着人们对原油物理、化学特性的深入了解，原油逐渐取代煤炭成为人类社会最终的燃料。所以人类社会的发展对原油具有很大的依赖性，并且地球上原油资源空间分布的不均衡，进一步巩固了原油的社会地位与经济地位。除被用作燃料，原油还是现代经济中重要的化工原料，如化肥、润滑油、塑料等产品深刻地影响着人类社会的发展。

第二，原油是世界上最大的国际贸易商品。经济层面，虽然各国的原油资源禀赋分布严重失衡，但各国经济增长、社会发展均严重依赖原油的消耗。所以原油自然地成为国与国之间最重要的交易商品，每年约有一半的原油生产量用于国际贸易。物理层面，原油具有优良的耐存储特点，适于长时间、各种气候条件下的远洋运输。特别是在油价下跌时期，新兴市场国家依然远洋油轮满港的情形就说明了原油可长时间存储的特性。战略层面，虽然电力线路已成为现代社会的经络，电能也成为重要能源，但在军事打击下很难保障电能的输送，所以各国出于国家安全考虑，依然使用各类燃油作为战略保障。

第三，原油具有独特的地缘政治属性。世界原油主要分布在中东地区，而沙特阿拉伯、伊朗、伊拉克、科威特、阿联酋、委内瑞拉、俄罗斯、利比亚与尼日利亚九国即拥有全球80%的原油储量[①]。中东地区因为宗教问题、民族问题、领土问题与历史问题，充满了各种地缘政治冲突，仅以色列与埃及、叙利亚等周边的阿拉伯国家就进行了大规模的五次中东战争，还有1980—1988年的两伊战争、1991年的海湾战争等。以第一次石油危机为例，1973年10月16日，石油输出国组织决定提高石油价格，第二天，中东阿拉伯产油国决定减少石油生产，并对西方发达资本主义国家实行石油禁运。石油价格从每桶3美元提高到1973年年底的11.651美元，提价约4倍。石油提价加大了西方大国的国际收支赤字，最终引发了1973—1975年战后资本主义世界最大的一次经济危机。实际上，战争对油井等开采设施的破坏可能不算太严重，但其引发的全球原油市场恐慌造成的危害更为剧烈。一旦中东局势不稳，即使是零星的军事冲突，但由于买家担心油价因此上涨，往往会囤积大量的原油，导致短时间内原油的需求猛增，价格进一步飙升，从而加剧油价波动。

---

① 管清友. 石油的逻辑——国际油价波动机制与中国能源安全[M]. 北京:清华大学出版社，2010:21.

第四，原油具有金融属性。1973年、1979年的两次石油危机之后，发达国家发现了油价波动对经济的巨大杀伤力，所以着手进行国际原油定价机制改革，以求稳定的国际油价形成机制。随着俄罗斯等国原油产量的增加，全球原油市场的竞争格局基本形成。随着纽约商品交易所与伦敦国际石油交易所的取暖油、汽油等期货交易品种的设立，国际原油价格定价机制逐渐形成期货价格主导现货价格的局面。进入21世纪以来，特别是2003年后，中东地区局势日渐稳定，世界经济也迎来了高速增长期。随着各国普遍实行宽松的货币政策，国际流动性加剧。原油由于其重要的战略地位以及优良的存储特性，成为极具投机价值的金融商品。各国金融机构在金融市场对各类油品持续加仓，引发油价的一路高涨，2008年7月11日盘中价格甚至一度达到147美元/桶的历史最高价格。

可见，原油自身的特点与多重属性造就了其特殊的经济地位与社会地位。自1973年第一次石油危机爆发以来，经济学界开始研究油价波动对经济增长的影响机制与结果。而2003—2008年油价的持续上涨与2014年后油价的持续下跌，又吸引了大批经济学者研究油价波动的原因，期望从中找出世界经济的运行逻辑。

4.1.2 原油市场

《百科全书》中关于市场的定义为：市场起源于古时人类对固定时段或地点进行交易的场所的称呼，是指买卖双方进行交易的场所。发展到现在，市场具备了两种意义：一种意义为交易场所，如传统市场、股票市场、期货市场等；另一种意义为交易行为的总称。"市场"一词不仅仅指交易场所，还包括了所有的交易行为。故当谈论到市场大小时，并不仅仅指场所的大小，还包括消费行为是否活跃。广义上，所有产权发生转移和交换的关系都可以成为市场。经济学中的市场主要是指为商品的供给与需求提供交易的场所，其决定商品的价格形成。本课题中的原油市场主要包含国际原油供给、国际原油需求以及国际原油价格三方面。遵循价格理论，本书认为原油的供需均衡，或者说市场均衡可以形成原油价格。此外，本书还关注全球经济的大背景和大环境，以便深入研究国际原油市场与世界经济的关系。

原油市场可以分为国内原油市场与国际原油市场，国际原油市场又可以分为原油现货市场与原油期货市场。

(1) 国内原油市场

中国在计划经济时期，原油的生产与消费实行计划与配给制，价格由政府相关部门设定，原油以及成品油价格未能反映出真实的市场供需关系。改革开放以后，中国国内原油产量逐年增多，而伴随着经济的发展，原油的需求量也急剧增加。但是，由于石油行业的特殊性，目前国内原油的勘探、开采与炼制主要集中在中国石油天然气集团公司、中国石油化工集团公司、中国海洋石油公司以及陕西延长石油（集团）有限公司这四家大型垄断公司。四大公司下属的大庆油田、胜利油田等基本上主导和覆盖了国内的原油生产以及炼油业务。由于我国目前大部分原油需要进口，前三家公司还拥有国际原油进口权。

(2) 国际原油市场

国际原油天然分布的不均匀，导致发达国家大多为原油进口国，而巨额贸易量逐步形成了国际原油市场。发展至今，又形成了国际原油现货市场与期货市场。

国际原油现货市场。20世纪70年代以前，原油现货市场仅作为由各大石油公司相互调剂余缺和交换油品的手段，石油现货交易量只占世界石油贸易总量的5%以下，现货价格只反映长期合同超产的销售价格。因此，这个阶段的石油现货市场被称为"剩余市场"。20世纪70年代石油危机后，随着现货交易量及其在世界石油市场中所占比例的逐渐增加，石油现货市场由单纯的剩余市场演变为反映原油的生产、炼制成本、利润的"边际市场"。现货价格也逐渐成为石油公司、石油消费国政府制定石油政策的重要依据。

为了摆脱固定的定价机制束缚，一些长期贸易合同开始与现货市场价格挂钩。这种长期合同与现货市场价格挂钩的做法，一般采用两种挂钩方式：一种是指按周、月或季度通过谈判商定价格的形式；另一种是以计算现货价格平均数（按月、双周、周）来确定合同油价。国际上发达国家已经广泛进行了石油现货投资，国内只有北京石油交易所进行交易。石油现货市场有两种价格：一种是实际现货交易价格；另一种是一些机构通过对市场的研究和跟踪而对一些市场价格水平所作的估价。世界原油现货市场主要有以下几个国家可以进行原油贸易交易：

西北欧市场，其比伦敦市场大，分布在阿姆斯特丹—鹿特丹—安特卫普（Amsterdam – Rotterdam – Antwerp，ARA），鹿特丹是西北欧市场的核心。西北欧市场主要为德国、英国、荷兰、法国提供服务。这一地区集中了西欧重要的油港码头和炼油厂。原油主要来自独联体国家，其次是北海油田原油和 ARA 地区独立炼油厂的油品。

地中海市场，分布在意大利的地中海沿岸，油品供应来自沿海岸岛屿的独立炼油厂，另外还有来自经由黑海的独联体国家的部分原油。地中海市场比较平稳，是这一地区重要的油品集散地。

加勒比海市场，是较小的现货市场，但它对美国和欧洲的供需平衡起着重要的调节作用。该市场的原油及油品主要流入美国市场，但如果欧美两地价差大，就会流入欧洲市场，特别是柴油和燃料油。

新加坡市场，是发展最为迅速的市场，已成为南亚和东南亚的石油交易中心。新加坡市场地处波斯湾至日本航线的中间，所以该市场在原油交易中地位特别重要。原油及油品来自中东和当地的炼油厂。由于日本的石脑油消费量很大，石脑油和燃料油在该市场中占有很大份额。

美国市场。美国是世界石油消费大国，尽管美国石油产量居世界第三，但每年仍然进口大量原油，于是在临墨西哥湾的休斯敦、大西洋的波特兰港和纽约港形成了庞大的市场。

国际原油期货市场。20 世纪 70 年代初发生的石油危机，给世界石油市场带来了巨大冲击，石油价格剧烈波动，直接导致了石油期货的产生。石油期货诞生以后，其交易量一直呈快速增长之势，已经超过金属期货，是国际期货市场的重要组成部分。其基本是由交易所统一制定的，规定在将来某一特定的时间、地点交割一定数量和品质的石油的标准化合约，是期货交易中的一个交易品种，或可简单理解为以远期石油价格为标的物品的期货。

世界上重要的原油期货合约有以下四个：纽约商品交易所（NYMEX），主要交易轻质低硫原油，即"西得克萨斯中质油"期货合约，以及高硫原油期货合约。其中西得克萨斯中质原油期货合约规格为每手 1000 桶，报价单位为美元/桶，该合约推出后交易活跃，为有史以来最成功的商品期货合约，它的成交价格成为国际石油市场的焦点。其主要交易轻油、天然气、无铅汽油、热油、布兰特原油的油品。新加坡商品交易所（SGX），主要交易迪拜酸性原油期货合约（中东原油）。东京工业品交易所（TOCOM），主要交易汽油、煤油、柴油、原油。伦敦洲际商品交易所

（IPE），主要经营布伦特原油期货合约。

目前最有影响力的是纽约商品交易所（NYMEX）和伦敦洲际商品交易所（IPE），基本上占据了国际原油期货交易量的2/3，主导了国际原油期货价格的形成。

4.2 国际原油市场的供给侧动态演化分析

在本节中，我们描绘出20多年来的国际原油供给状况，重点关注几大原油主产区的产量变化情况，以期获得原油供给的历史轨迹（见图4-1）。

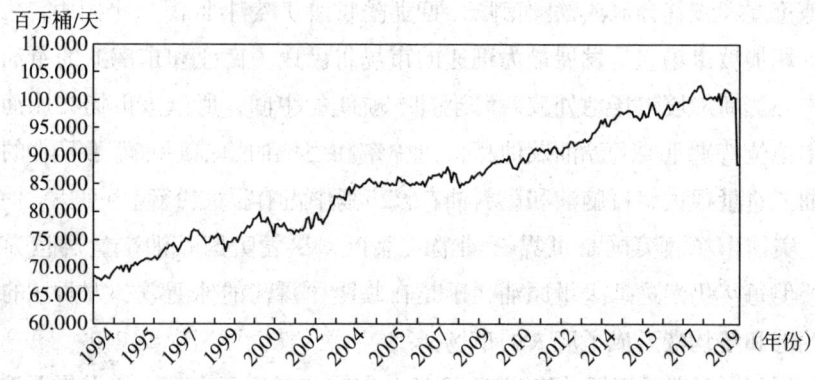

图4-1 1994—2019年世界原油供给状况

资料来源：EIA官方网站。

1994—2019年世界原油供给状况如图4-1所示。据此，我们可以发现20多年来国际原油市场上的供应特征。整体而言，世界原油产量总体呈上升趋势，2020年1月，每天的世界原油产量已经达到10138万桶，是1994年1月产量的1.48倍。2020年，受新冠肺炎疫情大流行和"欧佩克+"减产协议的影响，全球原油产量出现了大幅下降。总体而言，1994年以来全球原油产量保持了稳步增长的基本趋势。具体来说，1997年爆发的亚洲金融危机导致世界经济增速放慢；随后的1998—2000年国际原油受到需求降低的影响，产量也出现回落；而2002—2003年的原油减产则是由于委内瑞拉内战以及伊拉克战争；在2003—2008年的油价高涨阶段，原油主产区也无重大军事冲突发生，该时期国际原油产量稳步增加；随着2008年下半年国际油价的暴跌，原油产量也随之下降。此后，国际原油产量一直稳步增加。即使从2014年6月至今的油价下跌也未能阻止各产油国的生产热情。2020年，全球原油供应量萎缩明显，尤其是从5月起，由于OPEC及G20组成减产同盟并实施大规模减产，原油产量开始大幅减少。2020年，全球原油的总供应量为94.45百万桶/日，同比下跌6.53%。

下文我们就几大原油主产区的生产量进行分析。图4-2显示出OPEC、俄罗斯、美国与中国的原油产量。对比图4-1可知，OPEC的整体产量与世界总产量曲线趋势较为相似。由数据可知，OPEC占世界原油产量的比重一直在38%～42%，并且仅在2003—2008年的高油价时期占比超过了40%。虽然OPEC是一个松散的卡特尔组织，以往历次的限产协议对各国的约束力总是较弱，但是在高油价背景下各国的产能基本上得到了充分利用，使其总体产量相对稳定。所以OPEC的原油产量保持了与世界总产量较为一致的同步增速。

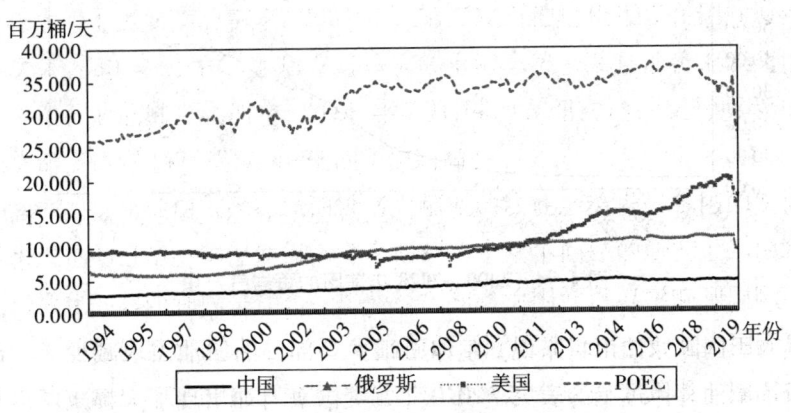

图4-2　1994—2019年各原油主产区的产量

由图4-2可知，近5年原油产量变化最显著的是美国。在2003—2008年高油价的刺激下，美国非常规原油的开采技术获得了重大突破，特别是实现了页岩油、页岩气资源的廉价开采，导致美国整体的原油产量在2010年后迅猛增加，并且分别于2011年11月超过俄罗斯、于2012年11月超过沙特阿拉伯，成为世界第一大产油国（见图4-3、图4-4）。在非常规原油规模量产以前，美国是世界上最大的原油进口国，而在目前原油总体产量规模巨大的前提下，美国于2015年12月18日解除了长达40年的原油出口禁令，允许国内原油向海外出口。虽然该举措不会立马见效，

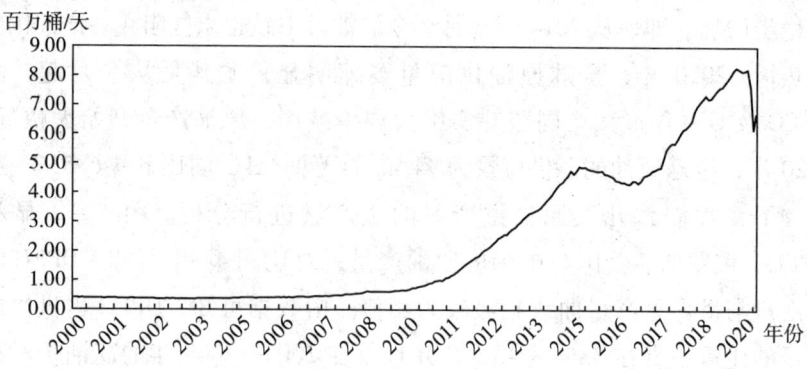

图 4-3　2000—2020 年美国的页岩油产量

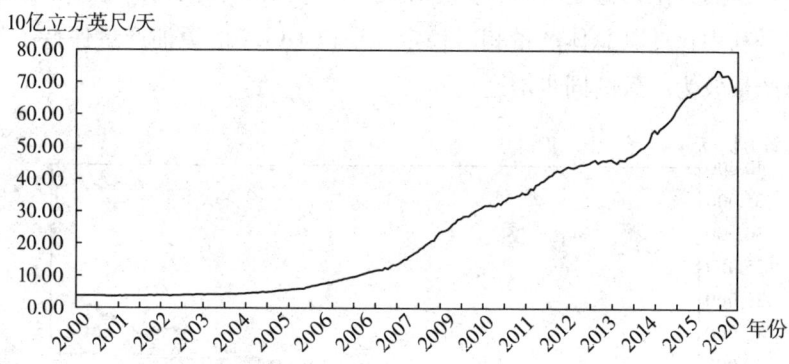

图 4-4　2000—2020 年美国的页岩气产量

但是对于国际原油市场来说，整体上很大一部分的原油需求减少了，最终造成了原油总体过剩的表象。2020 年，美国页岩油出现了大幅减产，一方面，由于页岩油生产成本仍相对较高，过低的价格给了美国页岩油产业沉重打击，多家页岩油开采商宣布倒闭。另一方面，美国也加入了最新一轮的欧佩克减产协议，令其原油产量出现了明显的下降，原油产量由年内最高的 1310 万桶/日，降至最低 970 万桶/日，降幅高达 25.95%。

俄罗斯的原油产量自 2003 年的国际油价上升开始，至今保持了高位、稳定的生产水平（见图 4-2）。虽然 OPEC 的原油产量占据世界总产量的最大份额，但是俄罗斯的原油产量世界占比从 2002 年之前的 8% 增长至 2002 年之后的 11%。由于俄罗斯经济严重依赖石油出口的美元收入，即使在 2014 年后油价下跌的背景下，其依然动用全部产能开采原油，以便保持世界原油市场的既有份额和收入。只有国际油价跌至俄罗斯的边际成本之下时，才有可能限制俄罗斯的原油生产。2020年4月，以俄罗斯、沙特阿拉伯为主的"OPEC+"最终达成减产协议，即历史性减产970万桶/日，从5月开始生效，使得俄罗斯石油产量出现12年来首次下滑，而且产量达到9年来最低。

虽然中国经济的高速增长带来了巨大的原油需求，但是近年来中国国内原油产量几乎不变，始终保持在460万桶/天的生产水平，仅为1994年生产水平的1.5倍，增速缓慢。实际上，受国内油田天然条件以及开采技术的限制，预计今后中国的原油产能也不会有重大突破。目前中国经济正处于城镇化、工业化中后期阶段，未来的经济发展依然会依赖大量的原油消耗。中国2015年的原油对外依存度已经达到60.6%的国际公认的安全警戒线，可以预见中国未来的原油对外依存度将会进一步上升，未来的原油安全将是保障中国发展的一个重要课题。

4.3 国际原油市场的需求侧动态演化分析

按照经济学原理，由于原油的消费总是与全球实际经济活动密切相关，全球GDP数据可用作世界原油需求曲线，但是由于统计数据时间频度的问题，GDP季度数据无法体现油价月度数据所显现出来的波动特征，时间频率方面无法匹配。为解决这一问题，Kilian于2009年创建出"Kilian指数"，用其代表全球原油需求，即干散货单程海上运费指数。Kilian首先用该运费指数计算出每月的增长率，按等权重求这些增长率的平均值，进一步求其累计值；然后用累计值除以美国同期CPI得到实际变量；最后用实际值去除线性趋势得到全球实际经济活动指标，并以此作为全球原油需求指标。该指标的正值代表全球经济景气增长，负值代表全球经济衰退[1]。

据此，图4-5描绘出了1994年1月至2020年6月的世界原油需求曲线。1994—1996年，由于中国等国的经济增速很快，拉动全球经济处于景气阶段。而1997年爆发的亚洲金融危机影响到了世界经济的增速。在1999—2000年短暂的复苏后，2000年下半年美国经济整体回落及IT产业

---

[1] Kilian. Not All Oil Price Shocks are Alike: Disentangling Demand and Supply Shocks in the Crude Oil Market[J]. *American Economic Review*, 2009, 99(3): 1053–1069.

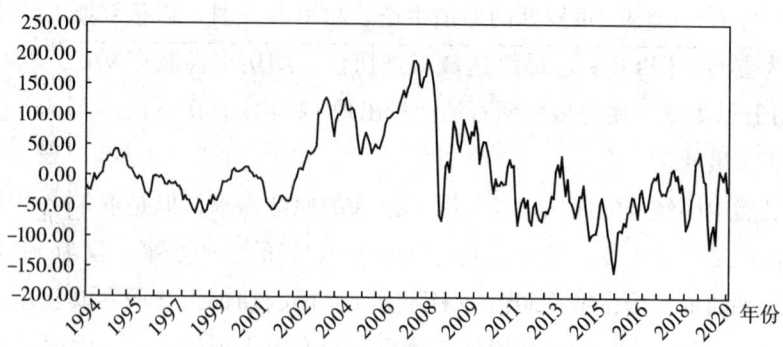

图4-5 1994—2020年世界原油需求曲线（Kilian Index）

泡沫破灭，全球经济增速显著放缓。进入2001年，美国、日本和欧盟经济同时出现下滑，并通过贸易和金融体系传导至世界其他地区。蓬勃发展的新经济陷入徘徊，股市溢值的泡沫有所消退，商品市场低迷，世界经济继续减速，并出现了许多不确定因素。而下半年的"9·11"恐怖袭击事件对业已放缓的世界经济来说，更是雪上加霜。

2003年后，世界经济在各国宽松性货币政策的刺激下整体表现向好。但在随后的2005年，全球经济受美国经济失衡的影响，增速缓慢，原油需求水平下降。而后2006—2007年雷曼兄弟破产，世界经济在新兴市场国家的拉动下普遍进入景气增长阶段。2008年国际金融危机爆发后，发达国家经济普遍遭受严重打击，原油需求也急速下降，至今也未恢复到国际金融危机前的需求水平。2020年，新冠肺炎疫情在全球范围内的蔓延严重打击了原油的需求，全球原油需求量大幅减少，虽然6月起有所反弹，但整体原油需求量较上年同期萎缩明显。

可见，既然原油是现代经济社会发展不可或缺的必备物资，全球原油需求曲线基本上可以真实、无时间滞后地反映世界经济走势，近五年的情形也可以验证这一结论。例如，2011—2012年的世界经济形势复杂严峻，在图4-5中也有所体现。由于总需求不足、市场信心不足，发达国家经济复苏乏力。新兴市场经济体增长态势虽然总体良好，但经济增速有所减缓。2011年新兴市场经济体增长率为6.4%，同比下降了0.9个百分点。而2014年之后的全球经济萎靡也在图4-5中有真实体现。

4.4 国际原油价格的动态演化分析

美元政策和油价变动是当今世界经济中非常重要的两个不确定性变量。抛开美元的货币政策不说,国际原油价格波动是各国宏观政策制定、各大投资基金运营、企业生产经营的重要参考指标。一旦国际油价发生波动,各机构与个人都会做出相应的决策和行为调整。例如,如果油价上升,中央银行会考虑其所引发的通货膨胀问题,而普通消费者会考虑所购汽车的油耗情况。以前文我们分析的国际原油市场供给、需求的动态演化情况为基础,现在重点分析国际油价的动态演进过程。

4.4.1 国际油价的定价方式演进

据中国的《元一统志》记载:"延工县南迎河有凿开石油一井,其油井燃,兼治六畜疥癣,岁纳壹佰壹拾斤。又延川县西北八十里永平村有一井,岁办四百斤,入路之延丰库。"该书写于公元1286—1303年,由此我们可以推断,石油井约在宋朝就已经存在了,所以说,在距今700多年以前,中国人已经开凿出油井了。而苏联人谢苗诺夫于1848年、美国人德雷克于1859年打出的油井只能算是近代石油工业的开端。从原油作为一种天然资源,到现今成为世界经济的重要宏观经济变量,其定价历史值得我们认真梳理。

(1)"石油七姐妹"的寡头垄断定价时期(1859—1959年)

1869年美国出现第一口油井,而在第二年便出现了标准石油公司,该公司很快成为世界第一个石油垄断公司。而后经过几十年的演化与竞争,西方"石油七姐妹"跨国石油公司——新泽西标准石油、纽约标准石油、加利福尼亚标准石油、德士古、海湾石油、英国波斯石油公司、壳牌石油公司控制了中东地区的绝大部分石油资源,同时将由跨国石油公司单方面决定的石油价格强加给中东产油国,因此,二战以前3美元/桶的油价水平在某种程度上是一个殖民价格和垄断价格。

(2)OPEC官方价格的形成与衰落(1960—1986年)

随着20世纪50年代伊朗、伊拉克、阿联酋与沙特阿拉伯等国国内相继发现超大油田,原油产量持续增加,动摇了"石油七姐妹"公司对中东的控制力。20世纪50年代末，中东出现了市价低于"标价"① 的情况。1959年，英国石油公司率先单方面把标价压下来，"石油七姐妹"立即跟进。1960年，新泽西再一次压低标价，"石油七姐妹"又一次跟进。标价直接关系中东各国的收入，"石油七姐妹"事先不同产油国商量，其我行我素的做法激怒了中东产油国。在民族主义思潮的支持下，五个主要产油国——伊拉克、沙特阿拉伯、伊朗、科威特、委内瑞拉于1960年9月14日组成了石油输出国组织欧佩克（OPEC），此后，欧佩克成员国逐渐发展到13个。欧佩克的团结、斗争，迫使"石油七姐妹"卡塔尔不得不把标价恢复到第二次压价前的水平。这一阶段的突出特点是"官价"，即OPEC定期公布沙特阿拉伯轻油价格，这标志着"官价"的开始、"标价"的结束，这也标志着OPEC在国际石油市场取代西方国家大石油公司成为国际石油市场新主角时代的开始。

但是，随着1973年、1979年两次石油危机的发生，油价飙升带动各国的原油产量猛增，进入20世纪80年代，世界石油市场已经开始由卖方市场转为买方市场。随后的油价趋于疲软，以至于OPEC开始实行限产保价策略，以维护其固有的市场份额和石油收入。沙特阿拉伯为维护OPEC的整体利益，在限产保价的政策框架下一直充当机动产油国的角色，其石油产量从1981年的980万桶/日降至1985年的318万桶/日，但由于非OPEC国家的无节制的增产行为以及欧佩克其他成员国未严格执行限产纪律超配额生产，沙特阿拉伯遭受了很大损失，其被迫于1985年7月宣布不再充当机动产油国，转而采取捍卫市场份额的政策。由此，产油国之间展开了油价战，1986年7月国际油价跌至每桶10美元以下。世界产油国均立刻遭受严重影响。至此，OPEC的"官价"体系基本瓦解。

（3）以期货价格为主导的多元的石油定价体系（1987—2002年）

由于全球原油在长期合同之外超产的部分进入了短期现货市场交易，现货价格不再完全随长期合同价格而变化，逐渐成为原油进口国与出口国制定石油政策的重要依据。发达国家吸取了前两次石油危机的教训，着手建立国际油价稳定的形成机制，也试图通过原油期货市场的期货价格来指导现货价格。纽约商品交易所于1983年推出轻质低硫原油期货合约

---

① 标价：即"石油七姐妹"公司为了维护自身利益，就世界市场的原油价格商定了一个法则——以美国得克萨斯海湾出口原油的价格加运费为基准价，它在任何时候都将保证成本高的美国原油生产商有利可图，并使拉美、中东各公司由于其原油生产成本低而获利更多。

(WTI),英国伦敦国际石油交易所于1988年推出布伦特原油期货合约(BRENT),新加坡交易所也于2002年11月2日正式推出了中东迪拜石油期货合约。由于这三个交易所的期货交易量巨大,价格发现及时,能较好地反映市场供求状况,逐渐使国际原油市场的期货交易价格主导了现货交易价格,而WTI原油期货价格和BRENT原油期货价格成为全球石油市场最重要的两个定价基准。

虽然期货价格成为原油的发现价格,但在各种合同的约束下,世界原油贸易的实物交割依然以现货价格为主。与此同时,OPEC重新合议,于1987年1月1日恢复了"官价"。OPEC价格委员会也以中东地区7种主要油品为参考系,制订出一揽子价格方案。所以该时期原油市场形成了期货价格、现货价格与OPEC"官价"并存的国际原油价格体系。

(4)需求盛衰与投机进出的剧烈震荡时期(2003年至今)

进入21世纪以来,世界经济的重大事件自然包含新兴市场经济体的快速崛起。伴随着中国、印度、俄罗斯与巴西等国经济的快速增长,原油需求量增加。而2008—2009年与2014年之后的世界经济萎靡不振,原油需求量又快速下滑。实体经济层面的景气与衰退所带动的需求变化主导了近十年的国际油价走势。21世纪以来发达国家的宽松性货币政策,导致全球流动性泛滥,原油期货市场上更多地出现了对冲基金的身影,天量的投机基金在国际原油期货市场的进出在更大程度上加剧了国际油价的激荡程度。例如,出现了2008年每桶147美元的最高油价与2016年2月每桶30美元的超低油价。

4.4.2 国际油价的主要指标

图4-6显示了目前国际原油价格的主要指标——WTI油价与BRENT(布伦特)油价。由二者的历史路径可知,产生于美国西得克萨斯州的WTI油价与产生于伦敦交易所的BRENT油价长期价差微小,基本上保持在每桶2美元的水平,并且是WTI油价高于BRENT油价。而自2010年开始,二者的价差逐步扩大,BRENT油价甚至高于WTI油价。究其原因,通过图4-3、图4-4我们发现,页岩油增产的年份与WTI、BRENT价格体系价差扩大的年份基本重合。

实际上,WTI原油价格体系代表着美国俄克拉荷马州库欣地区的原油

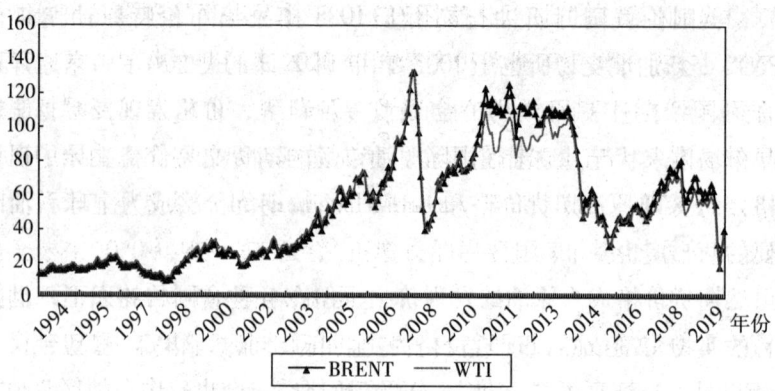

图 4-6　1994—2019 年 WTI 油价与 BRENT 油价

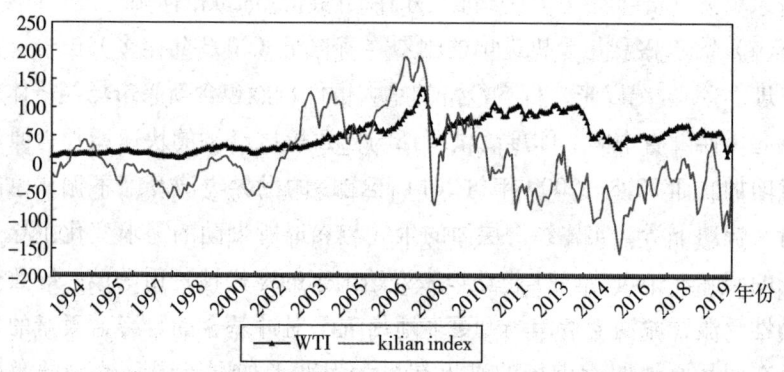

图 4-7　1994—2019 年 WTI 油价与世界原油需求

交割价格，包括巴肯页岩区带所属的北达科他州等中部产油区所产出的原油大部分将通过铁路运往墨西哥湾地区，但由于受到美国的铁路运输能力有限、输油管道较少以及美国原油禁止出口等客观因素的制约，近年来美国页岩油增产时常导致库欣地区原油库存增加，造成 WTI 油价水平的降低。而 BRENT 油价体系代表着欧洲地区的油价基准，由于欧洲进口原油的地区主要集中在独联体以及北非地区，这些地区近年的原油产量比较平稳，因价格受美国页岩油增产的冲击较小。因此，美国页岩油增产实际上降低了 WTI 油价，从而增大了 WTI 与 BRENT 油价的价差，造成了国际油价的区域性下降。

由图 4-7 可知，1994—2008 年，国际油价与世界原油需求走势较为贴合，说明此时的国际原油市场基本上还是一个商品市场，供需平衡决定其价格，即在全球原油供给基本稳定的情况下，油价与需求的走势息息相关。但是2008年之后，油价趋势图与全球原油需求趋势图相分离，且渐行渐远，说明此时的国际原油市场的商品属性减弱，投机性因素掺杂其中。滤掉供给因素的影响，大体上，需求与价格的曲线离差可以反映出国际原油市场上的投机份额。可见，目前国际原油市场上影响油价波动的因素增多。

4.4.3 中国的国际原油定价权

中国目前已是世界上最大的原油消费国，但是中国并未拥有国际原油定价权。大体上有如下四点原因：首先，因为中国国内没有成熟的、规模巨大的、健全的原油期货交易市场，所以无法影响国际原油的期货价格。虽然我国于20世纪90年代在上海设立过原油期货交易所，但是因为种种原因关闭。国内没有规模较大的原油期货交易所，没有占世界原油期货交易量的较大份额，自然无法影响国际油价的形成过程与结果。其次，中国虽然每年大规模进口原油，但是进口源主要集中在北非、中东等产油非核心国家，进口需求依然无法影响产油国的总体生产量，所以在现价层面也无法左右国际油价。再次，国际油价以美元定价，目前人民币国际化进程才刚刚开始，人民币币值的变化也无法显著影响到美元汇率的变化，所以在原油定价货币汇率方面也无法产生实质性影响。最后，由于国内国有石油企业具有垄断地位，民营资本与民营企业无法大规模地进入原油领域，使得包括海外原油进口权等一系列产业链上的准入问题并没有得到彻底解决，也限制了中国经济影响国际油价的能力。

中国目前的国际油价影响力与其消费规模严重不匹配，所以下一步我国应破除各方利益制约，逐步建立国内较大规模的原油期货交易市场，或者联合俄罗斯等国以求改变目前美元是唯一定价货币的局面，实现以人民币结算的原油价格。此外，应逐步放开原油相关产业的一系列准入限制，鼓励民营资本直接进入国际原油市场进行各种原油的期货、现货交易。最后，应加快人民币国际化进程，借鉴东盟的成功经验，提高人民币在国际市场上的影响力。

5 SVAR 模型的应用扩展研究

5.1 SVAR 模型的理论渊源

计量经济学自 1926 年诞生起,迅速成为经济学的一个重要分支。一元线性回归模型在研究自变量对因变量的影响程度测算方面发挥了重要作用,实现了经济学从定性分析到定量分析的跨越。随着经济问题的复杂化,自变量个数增多,多元线性回归模型出现,适用领域也拓展至经济学的各个方面。但此时均为单向因果关系,即自变量向因变量的单向影响过程。随着经济变量间因果关系的复杂化,即从单向变为双向因果关系,多元线性回归模型已不能准确反映真实的经济关系,此时联立方程模型出现,为我们研究多经济变量、多重双向因果关系以及变量间作用关系的传递创建了新的研究方法。但是联立方程模型需要较深的经济理论基础,需要区分变量的内生性与外生性,并且模型可识别条件中的阶条件与秩条件较为严格,这些制约因素给该模型的推广应用带来了很大的困难,初学者不易掌握。

为解决这些问题,Sims(1980)进一步扩展了自回归模型 $[AR(p)]$ 扩展,构建了简化型向量自回归(VAR)模型[见方程式(5-1)],用来代替传统的联立方程模型。该模型最大的特点是将多个经济变量置于时间序列数据之中,将全部变量视为一个动态系统,新息向量 u_t 包含了全部的扰动信息。将全部的经济变量视为一个向量,把系统中每一个内生变量作为所有内生变量滞后值的函数,不需要较深的经济学理论基础,实现了以数据为导向的建模思路。该模型可以计算某一内生变量发生变化产生冲击时对其余经济变量的影响大小,即脉冲响应函数。借助于线性代数知识,该模型不需要单独识别阶条件与秩条件即可实现参数估计,极大地简化了估计过程,在诸多领域获得了成功。例如,2011 年诺贝尔经济学奖获得者西姆斯即运用该模型,针对时间序列数据研究短期经济政策的作用,反映出其对宏观政策效果的关注。具体 VAR 模型形式如下:

$$Y_t = \Gamma + \sum_{i=1}^{s} D_i Y_{t-i} + u_t \qquad (5-1)$$

但是,由方程式(5-1)可知,该模型实际具有如下两个重大缺陷:首先,模型结构仅仅关注向量滞后各期的值对当期值的影响,无法捕捉各变量之间的当期影响。而变量间的实际关系往往受到当期影响最大,滞后项的影响一般小于当期值的影响。所以该模型遗漏了变量间当期关系这一最重要的解释变量部分。其次,由于该模型随机扰动项的方差—协方差矩阵是非对角矩阵,扰动项向量 u_t 中其他元素随着某一个元素的变化而变化,这与计算脉冲响应函数时 u_t 中其他元素固定不变的假定相矛盾,导致脉冲响应函数存在扰动因素非正交化的问题。后果是即使我们测算出某一扰动源对某一变量的影响程度,但该值实际上包含了其他变量的间接影响,无法厘清单独新息对某一变量的独立影响。

为解决 VAR 模型的这两个缺陷,Blanchard 和 Quah(1989)建立了结构 VAR 模型(SVAR),具体形式如下:

$$D_0 Y_t = \Gamma + \sum_{i=1}^{s} D_i Y_{t-i} + u_t \qquad (5-2)$$

由方程式(5-2)可知,首先,SVAR 模型在向量前左乘了结构矩阵 D_0,包含了变量间当期的影响关系。其次,由于该模型新息的方差—协方差矩阵为主对角线元素矩阵,实现了各新息变量的独立,解决了 VAR 模型中脉冲响应函数各新息无法正交的问题。可见,SVAR 模型很好地弥补了 VAR 模型的固有缺陷,可以比较真实、客观地反映各变量之间的动态相互关系。

但由于结构矩阵 D_0 的存在增加了模型参数的个数,方程式(5-2)无法直接实现 OLS 估计。只有对结构矩阵 D_0 施加额外的约束条件才可以实现参数估计。实证分析领域通常施加短期 0 约束,即利用新息向量 u_t 的方差—协方差矩阵是使对称矩阵这一特点通过乔利斯基(Cholesky)分解来实现减少估计参数个数的目的。施加约束后,结构矩阵 D_0 变为对角线元素均为 1 下三角形矩阵。针对具有 k 个变量的 SVAR 模型,只需 $k \times (k-1)/2$ 个约束条件即可实现短期约束。除去短期约束外,还有长期约束,即 0 约束实现该模型的估计。其基本思想为某一变量波动对其余变量的各期影响之和为 0，即第 i 个变量对第 j 个变量的累计乘数影响之和为 0。此外，近年来还兴起了符号约束等新方法，只需判断某一变量的值变大对其余变量的影响是变小还是变大即可，无须指定结构矩阵中各元素的具体数值，只需指定其符号即可，然后通过数据生成技术多次模拟来实现参数估计。

5.2 SVAR 模型的应用拓展

因为 SVAR 模型克服了 VAR 模型的缺陷，针对多个时间序列的复杂经济关系，该模型可以很好地解决各种现实问题。实证分析中经常使用 SVAR 模型计算脉冲响应函数、方差分解与模型预测三个基本应用。

5.2.1 脉冲响应函数

假定列向量 Y_t 包含四个变量 $Y_t = (Y_{1,t}, Y_{2,t}, Y_{3,t}, Y_{4,t})'$，SVAR 模型标准形式如下：

$$D_0 Y_t = \Gamma + \sum_{i=1}^{s} D_i Y_{t-i} + u_t \quad (5-3)$$

其中，D_0 代表结构矩阵，且非奇异。Γ 代表截距列向量，s 为模型的滞后阶数。u_t 代表互不相关的结构扰动列向量，包含 $u_{1,t}, u_{2,t}, u_{3,t}, u_{4,t}$ 四个扰动变量。在式（5-3）两端前乘 D_0^{-1}，此模型便转换为简化形式的 VAR 模型。如式（5-4）所示：

$$D_0^{-1} D_0 Y_t = D_0^{-1} \Gamma + \sum_{i=1}^{s} D_0^{-1} D_i Y_{t-i} + D_0^{-1} u_t \quad (5-4)$$

令 $C_0 = D_0^{-1}$，即：

$$Y_t = C_0 \Gamma + \sum_{i=1}^{s} C_0 D_i Y_{t-i} + \varepsilon_t \quad (5-5)$$

从而简化误差向量 ε_t（协方差矩阵为 Σ_ε）表达成方程式（5-6）的形式：

$$\varepsilon_t = C_0 u_t \quad (5-6)$$

为便于分析，我们写出方程式（5-6）的具体形式：

$$\varepsilon_t = \begin{bmatrix} \varepsilon_{1,t} \\ \varepsilon_{2,t} \\ \varepsilon_{3,t} \\ \varepsilon_{4,t} \end{bmatrix} = \begin{bmatrix} c_{11} & c_{12} & c_{13} & c_{14} \\ c_{21} & c_{22} & c_{23} & c_{24} \\ c_{31} & c_{32} & c_{33} & c_{34} \\ c_{41} & c_{42} & c_{43} & c_{44} \end{bmatrix} \begin{bmatrix} \mu_{1,t} \\ \mu_{2,t} \\ \mu_{3,t} \\ \mu_{4,t} \end{bmatrix} \quad (5-7)$$

下面我们进一步将方程式（5-5）进行变形，令 $B = C_0 \Gamma, A_i = C_0 D_i$，方程式（5-5）可转换为如下形式：

$$Y_t = B + \sum_{i=1}^{s} A_i Y_{t-i} + \varepsilon_t \quad (5-8)$$

使用滞后算子 L 将式（5-8）进行变形，即：

$$A(L) Y_t = B + \varepsilon_t \quad (5-9)$$

其中，$A(L) = \mathbf{I}_4 - \sum_{i=1}^{s} A_i$，$\mathbf{I}_4$ 为四阶单位矩阵。继而在方程式（5-9）两侧前乘 $A(L)^{-1}$，可以将式（5-9）转换成 VMA（∞）（Vector Moving Average，无穷阶向量移动平均）模型的形式：

$$Y_t = \mu + \Theta(L) u_t \quad (5-10)$$

其中，$\mu = A(L)^{-1} B$，$\Theta(L) = A(L)^{-1} C_0 = \Theta(0) + \Theta(1) + \cdots$，括号内的数字表示时间顺序。为了便于观察各脉冲与各变量间的关系，我们写出方程式（5-10）的具体形式：

$$\begin{bmatrix} Y_{1,t} \\ Y_{2,t} \\ Y_{3,t} \\ Y_{4,t} \end{bmatrix} = \begin{bmatrix} \mu_1 \\ \mu_2 \\ \mu_3 \\ \mu_4 \end{bmatrix} + \begin{bmatrix} \theta_{11}^{(0)} & \theta_{12}^{(0)} & \theta_{13}^{(0)} & \theta_{14}^{(0)} \\ \theta_{21}^{(0)} & \theta_{22}^{(0)} & \theta_{23}^{(0)} & \theta_{24}^{(0)} \\ \theta_{31}^{(0)} & \theta_{32}^{(0)} & \theta_{33}^{(0)} & \theta_{34}^{(0)} \\ \theta_{41}^{(0)} & \theta_{42}^{(0)} & \theta_{43}^{(0)} & \theta_{44}^{(0)} \end{bmatrix} \begin{bmatrix} u_{1,t} \\ u_{2,t} \\ u_{3,t} \\ u_{4,t} \end{bmatrix} +$$

$$\begin{bmatrix} \theta_{11}^{(1)} & \theta_{12}^{(1)} & \theta_{13}^{(1)} & \theta_{14}^{(1)} \\ \theta_{21}^{(1)} & \theta_{22}^{(1)} & \theta_{23}^{(1)} & \theta_{24}^{(1)} \\ \theta_{31}^{(1)} & \theta_{32}^{(1)} & \theta_{33}^{(1)} & \theta_{34}^{(1)} \\ \theta_{41}^{(1)} & \theta_{42}^{(1)} & \theta_{43}^{(1)} & \theta_{44}^{(1)} \end{bmatrix} \begin{bmatrix} u_{1,t-1} \\ u_{2,t-1} \\ u_{3,t-1} \\ u_{4,t-1} \end{bmatrix} \cdots \quad (5-11)$$

假如我们关注各脉冲对 $Y_{4,t}$ 的影响，或者说 $Y_{4,t}$ 对 $u_{1,t}, u_{2,t}, u_{3,t}, u_{4,t}$ 的响应，则可用下面的偏导函数表示：

$$\theta_{41}^{(s)} = \frac{\partial y_{4,t+s}}{\partial u_{1,t}}, \theta_{42}^{(s)} = \frac{\partial y_{4,t+s}}{\partial u_{2,t}}, \theta_{43}^{(s)} = \frac{\partial y_{4,t+s}}{\partial u_{3,t}}, \theta_{44}^{(s)} = \frac{\partial y_{4,t+s}}{\partial u_{4,t}} \quad (5-12)$$

例如，$\theta_{41}^{(s)}$ 表示 t 时刻发生的脉冲 $u_{1,t}$ 在 $t+s$ 时刻对 $y_{4,t+s}$ 的冲击。式（5-12）即脉冲响应函数。实证分析中，通常将某一变量的冲击大小定义为一单位标准偏差，通过方程式（5-12）的偏导函数计算其经济影响。

5.2.2 方差分解

脉冲响应函数描述的是 SVAR 模型中的一个内生变量的冲击给其他内生变量所带来的影响。而方差分解是通过分析每一个结构冲击对内生变量变化（通常用方差来度量）的贡献度，进一步评价不同结构冲击的重要性。因此，方差分解给出了对 SVAR 模型中的变量产生影响的每个随机扰动的相对重要性的信息。其基本思想如下所述。

脉冲响应函数是随着时间的推移，观察模型中的各变量对于冲击是如何反应的，然而对于只是要简单地说明变量间的影响关系又稍稍过细了一些。因此，Sims 于 1980 年依据 VMA（∞）表示提出了方差分解方法，定量地但是相当粗糙地把握变量间的影响关系。根据方程式（5-10），我们展开写成如下形式：

$$y_{it} = \sum_{j=1}^{k} (\theta_{ij}^{(0)} u_{jt} + \theta_{ij}^{(1)} u_{jt-1} + \theta_{ij}^{(2)} u_{jt-2} + \theta_{ij}^{(3)} u_{jt-3} + \cdots) \quad (5-13)$$

可知各个括号中的内容是第 j 个扰动项 u_j 从无限过去到现在时点对 y_i 影响的总和。求其方差，假定 u_j 无序列相关，则：

$$E[(\theta_{ij}^{(0)} u_{jt} + \theta_{ij}^{(1)} u_{jt-1} + \theta_{ij}^{(2)} u_{jt-2} + \cdots)^2] = \sum_{q=0}^{\infty} (\theta_{ij}^{(q)})^2 \sigma_{jj} \quad (5-14)$$

这是把第 j 个扰动项对第 i 个变量从无限过去到现在时点的影响用方差加以评价的结果。此处还假定扰动项向量的协方差矩阵 Σ 是对角矩阵，则 y_i 的方差是上述方差的前 k 项之和：

$$\text{var}(y_i) = \sum_{j=1}^{k} \{\sum_{q=0}^{\infty} (\theta_{ij}^{(q)})^2 \sigma_{jj}\} \quad (5-15)$$

y_i 的方差可以分解成 k 种不相关的影响，因此为了测定各个扰动项对 y_i 的方差有多大程度的贡献，定义了如下测量公式：

$$\text{RVC}_{j \to i}(\infty) = \frac{\sum_{q=0}^{\infty} (\theta_{ij}^{(q)})^2 \sigma_{jj}}{\text{var}(y_i)} = \frac{\sum_{q=0}^{\infty} (\theta_{ij}^{(q)})^2 \sigma_{jj}}{\sum_{j=1}^{k} \{\sum_{q=0}^{\infty} (\theta_{ij}^{(q)})^2 \sigma_{jj}\}} \quad (5-16)$$

即相对方差贡献率（Relative Variance Contribution，RVC）是根据第 j 个变量基于冲击的方差对 y_i 的方差的相对贡献度来观测第 j 个变量对第 i 个变量的影响程度。

实际上，不可能用直到无穷的 $\theta_{ij}^{(q)}$ 项和来评价。如果模型满足平稳性条件，则 $\theta_{ij}^{(q)}$ 随着 q 的增大呈几何级数性的衰减，所以只需取有限的 s 项。SVAR（p）模型的前 s 期的预测误差是：

$$A_0 u_t + A_1 u_{t-1} + A_2 u_{t-2} + \cdots + A_{s-1} u_{t-s+1} A_0 = I_k \quad (5-17)$$

可得近似的相对方差贡献率（RVC）：

$$\mathrm{RVC}_{j \to i}(s) = \frac{\sum_{q=0}^{s-1} (\theta_{ij}^{(q)})^2 \sigma_{jj}}{\sum_{j=1}^{k} \{\sum_{q=0}^{s-1} (\theta_{ij}^{(q)})^2 \sigma_{jj}\}} \quad (5-18)$$

5.2.3 模型预测

在给定模型中全部变量的前提下，由 SVAR 模型的前后递推关系即可获得在未来扰动项为 0 条件下的模型预测值。由于该模型很好地捕捉了一组时间变量的历史发展规律，体现出了这组变量的内在发展趋势。因此，SVAR 模型的预测在很多问题上获得了成功，例如，Kilian（2015）使用该模型预测出 2014 年下半年开始的油价下跌实际上提前半年即可预测，说明世界经济衰退引发的原油需求减少引发了这次油价暴跌。

值得注意的是，虽然该模型可以分析许多现实问题，但是在油价预测中往往失灵，根本原因在于油价波动的诱导因素过多。原油虽然是一种商品，其价格受到国际原油市场供给与需求的影响，但是，鉴于原油的特殊地位，除却供需因素外，还受到中东地缘政治、国际金融市场、国际流动性以及美元币值等多种因素的影响。因此，单纯从计量模型角度预测油价效果较差。

5.2.4 波动因素时点分解方法的构建

为在某一时刻将影响某一变量的各个波动因素分解出来，我们分析各脉冲对某一变量的影响过程。首先，在样本区间内的任意一时间点，某个变量的波动产生脉冲，该脉冲从产生开始会一直（渐弱式地）影响其他内生变量；其次，下一个时间点该波动又产生一个新的脉冲，继续对其他内生变量产生影响；最后，选定某一时点，我们把在此时点之前该波动产生的所有脉冲的影响累加，即该时间点此类脉冲对这一内生变量的累积影响，对于该内生变量而言，即其波动因素的时点分解。以 $u_{1,t}$ 为例，表 5-1 刻画了该算法的详细过程。

表 5-1　波动因素时点分解算法

影响	1994M09	1994M10	1994M11	1994M12	1995M01	1995M02
$u_{1,1}$ 对 $y_{4,t}$ 的影响	$\theta_{41}^{(1)}u_{1,1}$	$\theta_{41}^{(2)}u_{1,1}$	$\theta_{41}^{(3)}u_{1,1}$	$\theta_{41}^{(4)}u_{1,1}$	$\theta_{41}^{(5)}u_{1,1}$	……
$u_{1,2}$ 对 $y_{4,t}$ 的影响		$\theta_{41}^{(1)}u_{1,2}$	$\theta_{41}^{(2)}u_{1,2}$	$\theta_{41}^{(3)}u_{1,2}$	$\theta_{41}^{(4)}u_{1,2}$	……
$u_{1,3}$ 对 $y_{4,t}$ 的影响			$\theta_{41}^{(1)}u_{1,3}$	$\theta_{41}^{(2)}u_{1,3}$	$\theta_{41}^{(3)}u_{1,3}$	……
$u_{1,4}$ 对 $y_{4,t}$ 的影响				$\theta_{41}^{(1)}u_{1,4}$	$\theta_{41}^{(2)}u_{1,4}$	……
$u_{1,5}$ 对 $y_{4,t}$ 的影响					$\theta_{41}^{(1)}u_{1,5}$	……
……						……
$u_{1,t}$ 对 $y_{4,t}$ 的累积影响	e_1	e_2	e_3	e_4	e_5	……

其中，对应各时点的累积影响即：

$e_1 = \theta_{41}^{(1)}u_{1,1}$；

$e_2 = \theta_{41}^{(2)}u_{1,1} + \theta_{41}^{(1)}u_{1,2}$；

$e_3 = \theta_{41}^{(3)}u_{1,1} + \theta_{41}^{(2)}u_{1,2} + \theta_{41}^{(1)}u_{1,3}$；

$e_4 = \theta_{41}^{(4)}u_{1,1} + \theta_{41}^{(3)}u_{1,2} + \theta_{41}^{(2)}u_{1,3} + \theta_{41}^{(1)}u_{1,4}$；

……

可见，该算法可以用来分析中国经济增长对国际油价波动的作用，实现了对单个变量、具体时点的分析，克服了以往脉冲响应函数只能针对一个样本区间给出一个笼统结论的弊端，既利用了数据信息，又实现了微观观察。本书的以后各章节将灵活运用该方法研究中国经济以及国际油价在具体时点上的波动问题。

6 影响国际油价涨跌的因素分析

6.1 国际原油市场与全球经济关系分析

1973年之前，国际原油市场处于"石油七姐妹"公司以及欧佩克石油输出国组织（OPEC）的主导阶段，学术界普遍认为此时的国际原油市场外生于全球经济。而随着第一次、第二次石油危机的爆发，高油价导致了原油需求的萎缩与原油生产能力的过剩，OPEC内部各方出现产量竞争。由于经济发展受到高油价的严重影响，发达国家从期货市场等层面开始着手干预国际原油定价方式，此时国际原油市场逐步与全球经济接轨。1973年第一次石油危机使得发达经济体陷入严重的经济衰退中，而1979年的第二次石油危机更是使西方国家出现了"滞胀"现象。可见，两次经济衰退都与油价大幅度上涨有关，国际油价飙升给世界经济带来了巨大的冲击。本书就国际原油市场的供给、需求以及价格等与全球经济的关系展开深入分析。

首先，国际原油供给与全球经济的关系。从根本上，全球原油供给取决于原油开采企业的生产能力，即与全球原油资源禀赋状况、油井的天然地质条件、开采的技术水平等因素息息相关。在此之上，受地缘政治因素的影响，OPEC、美国与俄罗斯根据各自的国家利益展开博弈。作为世界上最大的产油国组织，OPEC为维持既有的市场份额，凭借其低廉的生产成本，往往不会轻易减产，例如，即使油价下跌，其在2014年11月27日举行的维也纳会议上依然做出了不减产决定，导致油价从高位滑落，开启了为期两年的低油价时代。OPEC作为重要的石油输出国组织，其成员国是否达成减产协议，对油价的涨跌起落有着很重要的引导作用。而美国借乌克兰局势问题对俄罗斯实施的经济制裁，在很大程度上依靠全球原油生产总量的稳定与卢布贬值来实现。俄罗斯虽然在油价下跌中财政收入锐减，但为了打压美国非常规原油产业的兴起，同样保持了既有原油产量。虽然油价上升时，全球原油产量会增加，但是油价下跌时，产油方为维持市场份额或者总的石油美元收入，出于各种目的，依然会维持较高的生产水平，原油生产对油价升降呈现出非对称反应。综上所述，国际原油供给受到地缘政治等非经济因素影响较多，与全球经济衰退的内生性较弱。

其次，国际原油需求与全球经济的关系。原油因其独有的物理特性，目前尚无完全替代品，被誉为世界经济的"血液""工业的血液"。从全球范围来看，世界经济增长与国际原油需求增长存在较为明显的正相关关系。所以原油的实际消费需求往往代表了全球经济的景气程度。特别是新兴市场国家，其经济增长在很大程度上依赖于化石能源的消费，而石油在能源消费中占据很大的比重。即使某些国家的单位GDP油耗随着技术进步逐渐降低，但经济增长同时伴随着原油消费量的大幅增加。因此，新兴经济体强劲的经济增长必然带来原油需求的大幅增加，例如，2001—2010年，中国经济增长率达到了10%以上，引起了强劲的原油需求。虽然2003—2008年的国际原油需求有金融投机因素干扰，但是同期钢材、粮食等国际大宗商品价格的普遍上涨一定带着实体经济的强劲需求。所以原油的实际消费需求体现了全球经济的景气状况，是全球经济的内生性指标。

最后，国际原油价格与全球经济的关系。由于纽约商品交易所与伦敦洲际交易所的原油期货交易量占据了全球原油交易的很大份额，其价格指标主导了国际油价的走向。原油期货市场对油价的影响主要体现为金融投机需求。1973年，布雷顿森林体系瓦解，导致美元信誉受损，美元的国际地位岌岌可危。为了稳固美元的国际货币地位，1974年8月，美国与沙特阿拉伯秘密签署了《不可动摇协议》，沙特阿拉伯同意将美元作为出口石油唯一定价货币，至此美元与原油挂钩。美元成了国际原油计价和结算的货币，原油价格的上涨会增加市场对美元的支付需求，从而使得美元汇率上升。进而会引起国际金融市场的变动，对全球实体经济产生影响。虽然原油的金融投机需求看似与全球实体经济关系较弱，但是，全球经济景气一般伴随着各国的流动性泛滥，各机构的投机标的物还是会首选原油。例如，2008年7月国际原油期货价格曾一度达到147.27美元/桶的最高纪录。相反，随着实体经济的稳固复苏，美国联邦公开市场委员会于2014年10月宣布退出量化宽松货币政策（QE），收回美元流动性，原油的投机需求随即下跌，油价也下跌。可见，金融投机需求也与全球经济密切相关。国际油价自然成为全球经济的"晴雨表"。

可见，国际原油市场的需求与价格可以作为世界经济景气状况的内生性指标，为本书建立计量模型奠定了理论基础。

6.2 2008年下半年至2009年与2014—2015年国际油价下跌原因分析

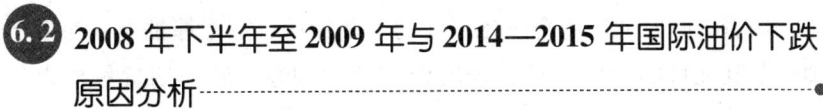

近年来，国际原油价格波动剧烈，尤其是2020年受全球性新冠肺炎疫情的影响，WTI原油价格在2020年4月竟然跌至-40美元。国际油价下跌较大的时期出现在2008—2009年以及2014—2015年。油价从2014年6月的每桶105.79美元降至2015年12月的每桶37.21美元，而2008—2009年油价也出现了类似情形。2008年国际原油价格一度突破100美元/桶，甚至于2008年7月3日达到134美元/桶的历史巅峰，8月油价急剧下跌，短短四个月，国际原油价格跌至39美元/桶，跌幅达到71%。油价下跌对全球经济活动产生了很大影响，不仅引起相关部门的思考，也引起国际社会的广泛关注。关于油价下跌的原因众说纷纭，Arezki和Blanchard（2015）认为2000年至2008年上半年的高油价刺激了美国等非常规油气资源开采技术的进步，原油总供给的增加导致了油价下跌；而Baumeister和Kilian（2015）认为2010年后新兴经济体国家经济增速有所回落，原油需求减少导致了油价下跌。董世红（2015）则认为非市场因素方面，地缘政治以及金融投机等因素也导致了油价的下跌。因此，研究国际油价波动的起因，对于我国准确把握原油价格走势以及世界政治经济格局具有重要的战略意义。

6.2.1 两次国际油价下跌的直观比较

图6-1显示了近十年国际油价主要经历的两轮下跌过程：第一轮下跌从2008年7月的每桶133.88美元跌至2009年2月的每桶39.09美元。第

二轮下跌从2014年6月开始，油价从每桶105.79美元降至2015年12月的每桶37.21美元。虽然这两次油价跌幅均超过60%，但是在如下两方面的动态表现不同：

第一，两轮下跌的背景不同。原油作为重要的国际大宗商品，其价格涨跌与世界经济状况密切相关。第一轮油价下跌之前，世界经济增长势头强劲，发达国家和新兴经济体均保持了较高的经济增长，原油消费需求增加，原油需求增长率较高，导致原油现货价格不断上涨的预期较高。此外，随着国际原油市场金融化程度的不断加深，加上原油本身重要的战略地位及其优良的存储特征，金融资本持续加仓，原油期货价格也一路走高。而第二轮油价下跌之前，发达经济体受2008年国际金融危机影响，经济复苏缓慢，新兴市场经济体也出现增长乏力的局面，国际市场上的原油需求萎靡不振，所以国际油价一直处于中低位震荡之中。此外，从国际原油市场本身来看，第一轮油价下跌前，OPEC占据主导地位，其对产量水平的控制可以左右油价，而至第二轮油价下跌时，国际原油市场已发生巨大变化，美国由于页岩油革命的成功，近年来原油产量大幅提高，俄罗斯、加拿大等国的原油产量稳步提高，导致OPEC的市场份额下降，其对国际原油价格的控制能力下降。

第二，两轮下跌发生前后的油价走势均不相同。如图6-1所示，2008年第一轮下跌之前，由于世界经济增长势头强劲，国际油价持续上涨，而2014年第二轮下跌之前的油价却处于时涨时跌的震荡之中。另外，第一轮下跌持续的时间短，各国政府通过一揽子政策，以及采取不同程度的量化宽松政策和积极的财政政策，刺激消费，鼓励生产，世界经济逐渐复苏，国际原油价格也随之回升。2009年3月的油价已恢复至每桶47.94美元，呈现出"V"形走势。而第二轮油价下跌持续时间长，2016年2月已跌至每桶30.32美元，呈现出"L"形走势，何时触底反弹还未知。为了推高国际原油价格，2016年年底，OPEC和俄罗斯等产油国达成减产协议，随后油价呈现出小幅震荡上涨态势，并且OPEC和俄罗斯等国多次延长减产协议以维持油价。之后国际原油逐渐进入了供需平衡的时期，国际原油价格逐渐回暖。2020年年初由于新冠肺炎疫情暴发，国际原油需求大幅下降，油价骤然下跌，4月跌至每桶16.55美元，为20年来最低值，之后随着全球经济逐渐复苏，油价出现小幅上涨，但仍在低位徘徊。

6 影响国际油价涨跌的因素分析

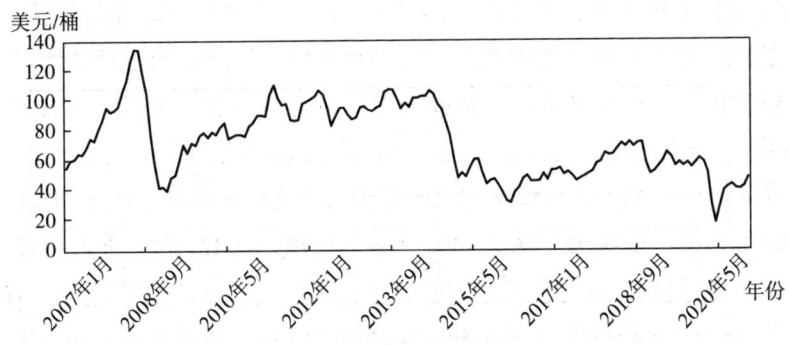

图 6-1 原油价格走势

资料来源：美国能源信息署（U.S. Energy Information Administration，EIA）。

6.2.2 国际油价下跌的深层次原因分析

根据第一轮国际原油价格下跌的"V"形对称走势，我们可以从油价上升的原因中找出其下跌原因。2000 年至 2008 年上半年，发达国家经济体与新兴市场经济体都呈现出经济景气状态。美国、日本等国通过量化宽松等货币政策，引发流动性泛滥，加快了原油市场的金融化步伐。虽然商品的供求关系决定其长期价格，但是短期内投机资本可以引起油价的大幅升降。与此同时，中国、印度等新兴市场经济体步入快速增长通道，引发了对原油的大量需求，例如，目前中国原油对外依存度已经突破 70% 大关，形成了国际市场强大的需求源。该时期内国际油价持续上升。而 2008 年下半年开始的国际金融危机使得实体经济遭受重创，反映到原油需求层面，虽然新兴发展中国家对原油的需求依然强劲，但北美洲市场对原油的需求大幅减少了 5%，欧洲和日本对原油的需求量也有所降低，导致全球范围内原油需求的减少，以及投机基金短期内快速撤出原油期货市场，共同引发第一轮油价剧烈下跌。

而第二轮油价下跌的原因较为复杂。首先，2008 年之前的国际原油价格飙升促进了页岩油、页岩气与油砂等非常规原油开采技术的进步。至 2015 年年底，美国页岩油产量每天已达 495 万桶，大大减少了美国对国际原油市场的进口需求，快速增长的原油产能导致美国从原油进口国变为原油净出口国。其次，中国、印度等新兴市场经济体的经济增速放缓，减少了原油需求（张宇燕、徐秀军，2015）。最后，2014年美国宣布退出QE（量化宽松政策），收紧流动性，导致美元升值，虽然欧洲和日本均实行了非常规的扩张性货币政策，但是并未对国际大宗商品价格产生显著影响。由此可见，美元作为原油计价货币，其币值依然能够有力地影响油价。

除此之外，第二轮油价下跌也体现了大国之间的博弈。由于2014年美国依靠页岩油产量成为全球第一大原油生产国，OPEC为了抢占更多的市场份额、巩固自己在世界石油市场的地位，以及打压页岩油的生产，OPEC成员国的产量在2014年下半年开始逐渐超过配额，造成全球原油市场供过于求的格局，导致国际原油价格大幅跳水。此时，原油出口大国俄罗斯的财政收入损失最为巨大，严重地影响了其经济社会的健康发展，而OPEC凭借其低廉的生产成本，坚持不减产方针，既维护了其市场份额，又达到了打压美国的非常规原油产业的目的。中国目前作为世界上重要的原油消费大国，在油价下跌中不仅从原油进口中节省了大量外汇，也稳定了国内物价，充实了原油战略储备，但相关石化行业也受到了不利影响。大宗商品价格暴跌对经济的影响并不仅仅体现在成本降低上，还对相关行业具有破坏力，导致在高油价时的相关投资受损，而且大宗商品价格下跌是经济低迷的结果，会导致最终需求减少。

2000—2008年的国际油价走势几乎全部为上涨过程，给世界经济带来了深刻影响，所以实证分析多关注油价上涨的原因，较少有文献研究油价下跌，而本轮油价下跌持续的时间及幅度均超出了公众预期。

6.2.3 国际油价下跌的实证分析

6.2.3.1 变量选取

本书从价格决定理论出发，在相关研究的基础上，从全球原油供给、需求两方面对国际油价的下跌原因进行分析。WTI原油期货价格由于是世界各国投资和投机者参考的价格，吸引了众多的市场资金参与，成交量和持仓量均较大，可以反映出世界原油价格的变化，因此按照惯例选取WTI价格作为国际原油价格指标。选取Kilian（2008）构建的一个反映全球经济的指标——"Kilian指数"来代表全球原油需求，即将干散货单程海上运费指数作为全球实际经济活动的月度频率指标。该指数计算每月数据的增长率，然后将这些增长率按等权重求其平均值，计算平均增长率的累计值；然后，将该数值除以美国同期 CPI 得到实际变量；最后，将实际值去除线性趋势得到全球实际经济活动指标。全球实际经济活动指标正值代表全球经济景气，负值表示全球经济衰退。其中，WTI 价格、世界原油总供给、世界原油总消费的数据来源于 EIA 网站，美国的 CPI 指数来自 CEIC 数据库，"Kilian 指数"来自 Kilian 个人网址。本书使用 $oilprod_t$ 代表世界原油供给，$oildemand_t$ 代表世界原油需求，$oilprice_t$ 代表实际原油价格。扰动列向量 u_t 包含原油供给脉冲、原油需求脉冲以及预防需求脉冲。基于数据的可获得性和完整性，本书实证分析采用的数据均为 1994 年 1 月至 2020 年 6 月的月度数据。

6.2.3.2 平稳性检验

由于本书所有数据均为月度频率，首先需要对数据进行季节调整，再对变量取对数之后进行一阶差分，进行 ADF（Augmented Dickey – Fuller）单位根检验和 PP（Phillips & Perron）单位根检验，由表 6 – 1 的检验结果可见，所有变量在 1% 的显著性水平下均拒绝存在单位根的原假设，确认所有变量均为平稳序列。

表 6 – 1　数据的单位根检验

变量	ADF 检验	PP 检验
$oilprod_t$	– 17.5551*** (0.0000)	– 17.5538*** (0.0000)
$oildemand_t$	– 14.2616*** (0.0000)	– 13.8300*** (0.0000)
$oilprice_t$	– 13.8694*** (0.0000)	– 13.4017*** (0.0000)

注：括号中的数据值为 P 值，***表示 1% 的显著性水平。

6.2.3.3 约束识别机制

结构矩阵 C_0 中有 9 个参数，因其协方差矩阵是一个对称矩阵，只需 3 项短期制约条件即可实现对它的估计。首先，因为存在调整成本，在一个月之内，即使原油价格与经济活动发生波动，企业也不会轻易改变生产计划，即原油生产短期内外生于全球经济系统。因此，在矩阵 C_0 中，$c_{12} = c_{13} = 0$。其次，由于欧美等发达国家以原油为主要的消费能源，而原油富集地多集中在中东、北非等地区，原油从产地开采出来经过船舶远洋运输进入原油进口国的炼油厂需要一定的时间，所以同样认为在一个月之内，国际油价的变化不会立即影响到全球经济活动，即 $c_{23} = 0$ 。

6.2.3.4 实证结果分析

(1) 2014年1月至2015年6月油价下跌的因素分解

图6-2至图6-4分别代表了原油供给、原油需求与预防需求三因素对油价冲击作用的大小。预防需求本意是经济体为预防未来的原油短缺或者油价飙升而实施的购买行为，广义上可以理解为国际金融市场的投机需求。从2014年上半年开始，世界经济已显示出低迷势头，但是由于供给因素正负交替的作用、需求冲击的负作用与投机冲击的正作用相互抵消，2014年上半年油价未显示出明显的下跌。而从2014年6月开始，全球经济继续呈不景气状况，尤其是新兴经济体经济增长放缓，导致新兴经济体对原油的需求增长疲软，例如，金砖四国（中国、印度、巴西、俄罗斯）经济增长速度降低，对原油需求的增长率也随之降低。同时，由于页岩油产量的增加以及OPEC、俄罗斯等石油出口组织和国家一直保持较高的供给水平，石油供应量逐年上升。这两方面原因同时发生作用，即油价暴跌是由国际原油市场需求疲软以及超量的供给同时决定的。2014年9月国际金融市场才发生预期逆转，投机机构纷纷看空油价，对拉低油价具有很强的冲击作用。从图6-4中可以看出，2014年9月至2015年2月，预防需求冲击对拉低国际原油价格起到了很大的冲击作用。更为雪上加霜的是，为保持其既有的市场份额，凭借其低廉的生产成本，以沙特阿拉伯为代表的OPEC成员国在2014年11月27日宣布原油不减产决定，表示继续将总产量维持在每天3000万桶，给国际原油市场带来供给充足甚至供大于求的预期。甚至在2014年12月4日，沙特阿拉伯宣布下调售往亚洲和美国的原油价格，原油供给冲击连续四个月给油价带来较为显著的下跌影响，致使油价在需求减少的联合作用下于2014年12月急剧下跌，由图6-4可以看出，2014年12月国际金融市场对拉低油价的影响达到了顶峰，国际原油价格在2015年1月达到最大负值。而在2015年3月与6月，全球经济衰退加剧，由图6-2和图6-3可知，此时主要是由于原油实际需求萎缩以及供给过量再度拉低了油价。图6-1显示国际油价在2015年的4—6月出现小幅反弹，由图6-3和图6-4可知这一阶段的国际原油价格上涨基本上归功于金融市场自2015年2月以来对国际原油市场看好的助推作用以

及实际需求小幅上涨带来的微弱正作用。

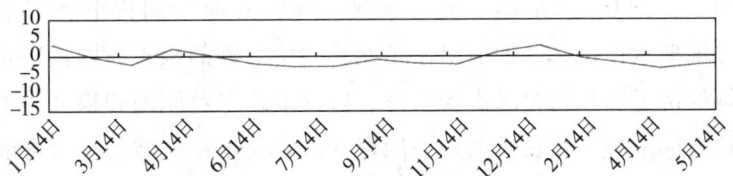

图6-2　2014年1月—2015年6月份油价下跌的供给因素分解

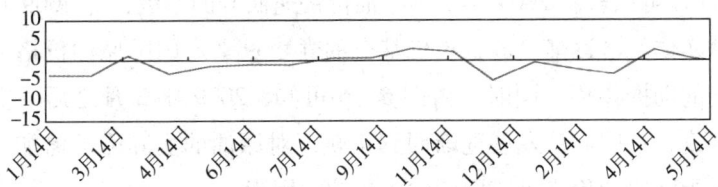

图6-3　2014年1月—2015年6月份油价下跌的实际需求因素分解

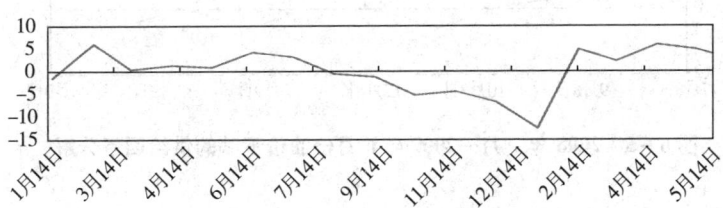

图6-4　2014年1月—2015年6月份油价下跌的预防需求因素分解

(2) 2008年7月至2009年6月油价下跌的因素分解

图6-5至图6-7分别显示了2008年7月至2009年6月国际原油市场的供给、实际需求以及预防需求对油价变化的冲击。由图6-5可知，近年来常规原油的开采基本上维持了总量平稳，仅仅小幅增加，原油供给因素对国际油价的影响较20世纪70年代的两次石油危机明显减弱，常规原油的供给因素已不是国际油价波动的主要因素。随着全球金融危机传导至实体经济层面（见图6-6），对众多发达国家以及新兴经济体经济发展影响巨大，经济疲软则使得2008年7月之后七个月的全球原油实际需求减少，从而导致国际油价下跌。从图6-6中可以看出，2008年9月至2009年2月，原油实际需求的减少对国际原油价格暴跌起到了主要的推动作用，尤其在2008年12月，原油实际需求的减少对拉低国际原油价格的作用达

到了顶峰。关于2008年下半年至2009年上半年国际油价短暂、剧烈下跌的根本原因，图6-7给出了有力证据，即国际原油期货市场的空头预期——原油期货投机基金的撤出才是此轮油价下跌的根本原因。次贷危机后，美国经济正面临着金融市场动荡、房价下跌以及原油和粮食等大宗商品价格飙升的困境，存在极大的不确定性，而美国经济增长疲软可能会进一步抑制原油消费，因此投资者对美国经济前景感到担忧，导致大量的投机资金撤出，直接造成了此次的国际原油价格暴跌。结论不仅于此，图6-7同样可以解释2009年上半年油价快速回升的原因，即2009年2月之后全球实体经济逐渐复苏，投机基金的卷土重来对国际原油价格上升起到了一定的助推作用。同时，由图6-6可知，2009年2月之后，实体经济逐渐恢复，各国经济发展逐渐回到正轨，对原油的实际需求增加，正是这一时期国际原油价格迅速回暖的主要拉动因素。

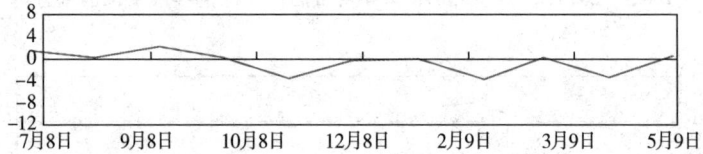

图6-5　2008年7月—2009年6月份油价下跌的供给因素分解

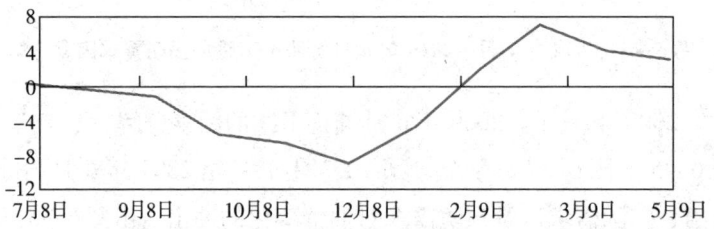

图6-6　2008年7月—2009年6月份油价下跌的实际需求因素分解

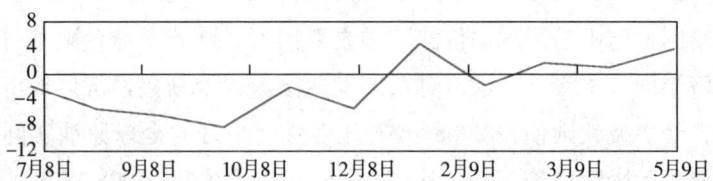

图6-7　2008年7月—2009年6月份油价下跌的预防需求因素分解

6.3 页岩油量产造成的影响

2014年国际原油市场最受注目的事件莫过于美国的页岩油革命,美国页岩油增产在国际油价波动中的角色如何?目前,美国是世界上最大的页岩油生产国,图6-8描述了2000年1月至2020年6月美国页岩油产量的时间序列走势,从中可以看出,2010年之前美国页岩油产量基本保持平稳;2010年之后,美国页岩油产量呈现出增长态势。尤其是美国页岩气革命取得的巨大成功,使得美国同时将开发重点转向页岩油,以及水力压裂等开采技术的研发上,使得美国页岩油产量和储量自2012年之后迅速增长。美国也因此迅速成为原油生产大国,并在2018年9月成功跻身世界第一大产油国。由图6-8可知,美国页岩油产量出现了两次高峰,2014年年底,美国页岩油产量达到400万桶/天,占美国原油总产量的25%左右、世界总产量的4.25%。至2019年11月,美国页岩油产量又一次达到峰值,每天的产量高达790万桶,其市场容量不容小觑。对比统计数据,本书从理论上分析页岩油对国际油价可能产生的影响。

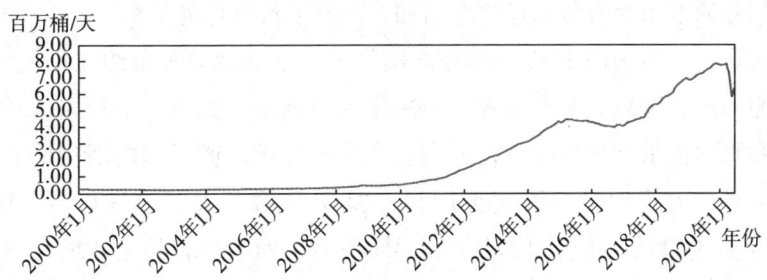

图6-8 美国页岩油产量走势

资料来源:美国能源信息署(U. S. Energy Information Administration,EIA)。

首先,2010年以前,西方经济体主要依赖OPEC成员国的石油供给,国际原油市场基本处于平衡状态,OPEC依靠闲置产能对世界原油产量进行调控,从而实现对原油价格的垄断。但是页岩油的大规模开采改变了全球原油供给情况,原油期货市场形成了国际原油供给增加的预期,原油期货价格表现为下跌。此时,对OPEC、俄罗斯等国际市场的原油主要供给者而言,即使国际油价发生短时下跌,各方也不会主动减产,因为减产意味着市场份额的主动退出，例如，2014年11月27日OPEC石油输出国组织为了维持既有的市场份额即做出了不减产决定。因此，国际油价只要在边际成本之上，为维持其市场份额，主要产油国都不会主动减产。另外，油价的下跌也会造成采油成本的下跌。因为油井设备供应商在油价低迷时也会降低其产品价格，造成产油边际成本的进一步下跌，使产油国得以延长低油价下的固有产出时间。此举会造成国际原油市场供给严重大于需求，进一步加剧期货价格的下跌，甚至传导至原油现货价格。2014年国际原油价格暴跌使美国页岩油开采利润由正转负，严重打压了美国页岩油的开采行动，图6-8也反映了2014—2015年美国页岩油产量的断崖式下跌过程。

其次，全球目前已探明的页岩油储量巨大，除美国外，加拿大、俄罗斯、巴西以及中国等国的储量也非常可观。2017年，中国的页岩油地质储量达7643亿立方米，成为仅次于美国、加拿大后的第三大页岩油国。美国页岩油增产的根本原因在于水力压裂等开采技术的进步，随着技术的外溢，包括页岩油、页岩气在内的全球非常规油气资源的产出量将会进一步增加。因此，在其他供给条件不变的情况下，由于页岩油产量的大幅增长，国际原油市场有效供给将会增加，国际油价有可能下跌。

再次，虽然美国于1975年颁布实施了《能源政策和节约法案》，禁止多数原油出口，只有少许例外，美国作为全球第一大原油消费国，开采的原油和页岩油虽然出口较少，但剩余产量仍然难以满足国内消费所需，每年仍需进口大量原油，因此美国目前是全球第二大原油进口国。例如，2013年其进口量占世界总产量的7.3%左右，而美国曾是全球最大的原油进口国，比较而言，美国国内页岩油产量的增加在很大程度上减少了美国的原油进口，具有保障美国能源安全的作用。从长期来看，页岩油资源将从供给增长和价格传递两个层面降低国际原油价格的整体水平，页岩油储量的开发已经改变了全球石油供需平衡，非OPEC国家原油供给的增加，削弱了欧佩克的市场力量，而且全球原油供给来源多元化有利于减少国际油价波动、增强原油市场的平衡、降低OPEC成员国的垄断程度，从而增强国际原油市场的稳定性，有利于稳定国际原油价格，使油价达到一个新的、更低的均衡水平。

最后，目前国际油价体系主要由美国纽约商品交易所的WTI油价与英

6 影响国际油价涨跌的因素分析

国伦敦国际石油交易所的 BRENT 油价构成。二者在历史上长期保持小于 3 美元的微小价差,而通过图 6-9 我们注意到,美国页岩油增产年份与 WTI、BRENT 价格体系价差扩大的年份重合。究其原因,WTI 原油价格体系代表美国俄克拉荷马州库欣地区的原油交割价格,包括巴肯页岩区带所属的北达科他州等中部产油区所产出的原油大部分将通过铁路运往墨西哥湾地区,但受到美国的铁路运输能力有限、输油管道较少以及美国原油禁止出口等客观因素的制约,近年来美国页岩油增产时常导致库欣地区原油库存的增加,造成 WTI 油价水平的降低。而 BRENT 油价体系代表欧洲地区的油价基准,由于欧洲进口原油的地区主要集中在独联体以及北非地区,这些地区近几年的原油产量比较平稳,所以其价格受美国页岩油增产的冲击较小。由此,美国页岩油增产实际上降低了 WTI 油价,从而增大了 WTI 与 BRENT 油价的价差。从图 6-9 中可以看出,2012 年前后以及 2018 年前后,WTI 与 BRENT 之间的价差较大,这可能是由这一段时期美国页岩油产量的大幅增加所致。

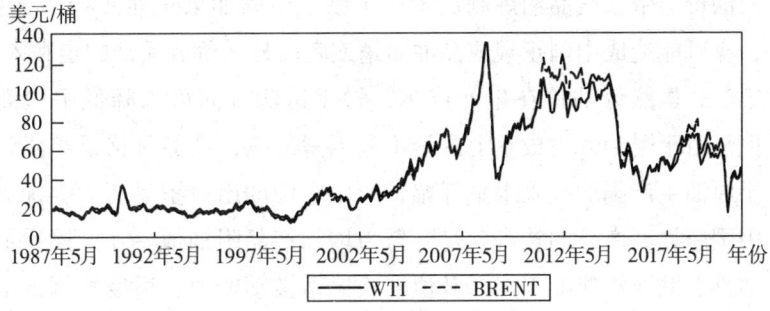

图 6-9　WTI 与 BRENT 油价走势

6.4 油价下跌对中国的启示

直观上,低油价会给中国经济带来相关企业原材料价格下降、物流运输业成本降低以及石油化工行业获益等正面影响。但是,国际油价长期走低会给我国经济带来以下不利影响:首先,在经济增速放缓的大背景下,低油价易引起社会物价水平的整体下降,加大经济下行压力;其次,低油价可能会导致原油的消费量增加,加大环境压力;最后,由于原油主产国大多数也是中国商品出口的贸易对象国，在低油价时期原油主产国的收入减少，其对中国商品的进口也会相应减少，不利于中国的贸易顺差，从而会恶化中国的国际贸易条件。结合以上三点不利影响，本章的政策启示有以下几个方面。

第一，虽然原油消费仅占中国能源总消费的1/5，但是中国经济目前处于增长结构调整期，不仅煤炭价格下跌，下游的钢材、水泥等过剩产能行业的产品价格同样低迷，使中国经济陷入通货紧缩的风险加大。因此，中央银行的货币政策应由稳健型转为适度宽松型，加大流动性的释放，以保证经济增长水平与就业率。同时，应防止释放出的流动性过多地进入股市、房地产等过热部门，切实为实体经济的发展提供金融支持。

第二，近年来中国环境问题严峻。高油价可以促进清洁能源的使用，而低油价会带来汽油的更多使用。因此，为限制成品油的过度使用，短期内可以设置成品油价格调整的过渡性"地板价"。此举既可以防止汽车尾气污染问题，又可以保护石油开采业的健康、可持续发展。需要注意的是，低油价会带来成品油炼制成本的下跌，中国如果长期实行"地板价"策略，有可能造成中国正规成品油滞销或者海外低价成品油的走私入境。

第三，虽然低油价在生产成本、物流运输方面可以降低中国商品价格，但是由于受到人力成本上升等不利因素影响，商品价格最终降幅一般会小于原油主产国的收入水平降幅，所以中国的出口贸易压力会加大。为此，中国应提高产品的技术含量，努力增加产品附加值。在人民币汇率方面，油价下跌通常伴随着美元升值，人民币被动贬值，适度控制贬值区间可以减轻国内企业的出口压力。为此，我国应进一步推进人民币国际化进程，争取实现人民币在国际原油市场交易中的应用，尽可能降低国际原油价格波动对人民币汇率的影响程度。

第四，2020年党中央提出了"加快构建以国内大循环为主体，国内国际双循环相互促进的新发展格局"。新发展格局强调以国内循环为主体，我国要充分发挥国内超大规模市场的优势，通过全面深化改革和创新驱动经济发展来打造中国的发展优势，从而减轻国际原油价格发生剧烈波动时对中国经济发展的影响，增强中国经济发展的韧性。

7 中国经济增长对国际油价的影响

7.1 问题的提出

原油是全球各个国家工业生产最主要的原材料之一，也是最重要的化石能源，是国家生存和发展不可或缺的战略资源。进一步地，原油产业与其他产业之间也存在密不可分的关系，如制造业、能源产业、交通运输行业等。从全球范围来看，原油是影响全球政治格局、经济秩序和军事活动的重要大宗商品之一，也是全球交易最为广泛的大宗商品。根据《2019世界能源统计年鉴》的数据，2018年全球原油消费量为4662.1百万吨油当量，比2017年增长1.2%，占一次能源总消费量的比例为33.6%。由此，原油的重要性可见一斑。

从2003年开始，国际原油价格逐渐走高，至2008年7月11日，纽约商品交易所原油期货市场上的WTI价格飙升至147.27美元/桶的历史最高值。不同于20世纪70年代发生的两次石油危机，此次油价飙升并没有造成通常的原油生产短缺，经济学家遂将目光转向原油需求。与此同时，"金砖国家"（巴西、俄罗斯、印度、中国和南非）等新兴经济体快速的经济增长，特别是其中作为世界第二大经济体的中国的经济增长，引起了国际经济学界的广泛关注。中国经济快速增长所带来的原油需求是否引起了近年的油价波动、是否引起了2008年的油价飙升，成为国内外经济学界讨论的热点问题。Kilian 和 Hick（2013）认为，包括中国和印度在内的亚洲新兴经济体的经济增长引起了2003—2008年的国际油价上升。Hamilton（2009a，2009b）同样认为，由中国经济增长引起的原油需求增加和沉滞性的全球原油生产是2008年原油价格剧烈上升的主要原因。

原油是重要的战略性资源，国际原油价格波动与世界经济的发展之间存在明显的影响关系，由本书第6章国际原油价格涨跌因素的分析可知，世界经济发展以及地缘政治格局往往通过影响国际原油市场的实际需求、实际供给和预防需求渠道对国际原油价格产生冲击。而影响原油实际需求变动的原因主要是经济发展的快慢：如果经济繁荣向好，一国国内生产活动正常有序进行，对原油的需求也相应较大；反之，如果发生全球性的经济危机，经济发展低迷疲软，对原油的需求量也会随之减少。

1978年的改革开放极大地解放和发展了中国的社会生产力，我国综合国力不断提高，社会经济快速发展。1993年，中国成为原油净进口国。随着之后中国生产力水平突飞猛进的发展，对原油的实际需求也在逐渐增加，并于2003年超过日本成为世界第二大原油消费国。近年来，我国经济发展从2000年之后的高速发展阶段过渡到中高速发展阶段，即新常态阶段，中国对原油的需求也随之大幅增加，同时中国的原油进口量也在逐年增加，根据中国海关总署的数据，2017年中国全年的日均原油进口量为840万桶，首次超过美国的790万桶，成为全球第一大原油进口国。可见，经济发展带来了原油进口量的增加，同时使得中国原油的对外依存度也迅速上升，2019年中国原油对外依存度高达72.4%。因此，中国宏观经济发展所带来的原油消费量增多与国际原油价格波动之间可能存在相关关系。那么中国经济发展是影响国际油价波动的主要因素吗？现有的研究结论是否站得住脚？面对国际油价波动，我们应该采取什么样的应对措施？这些问题不仅关系到中国经济本身能否健康、持续地发展，而且也关系到我国对国际经济政治形势的把握和应对。因此，研究中国经济是否影响了国际油价波动这一问题迫在眉睫。然而，令人遗憾的是，在理论分析和实证检验方面，林伯强和王峰（2009）、张斌和徐建炜（2010）等国内已有研究大多集中于原油价格上涨对中国经济的影响，对于中国经济是否影响国际油价的研究涉及甚少。如果我们无法准确识别中国经济对国际油价的影响，也就无法对海外学者的研究结论予以认同或者反驳。基于此，本章着重确认中国经济在近年来国际油价波动中发挥的作用，特别是在2008年国际油价剧烈上升中的作用，进而探寻国际油价的动态演化规律。

与以往的文献相比，本章的特色在于构建波动因素时点分解方法，通过测算发现中国经济增长未对近年来特别是2008年剧烈上升的国际油价产生影响。由于中国原油消费增速低于中国经济增速，海外学者在研究指标选取中的疏忽可能导致了错误结论。进一步地，本章利用中国原油消费占世界总消费比重较小这一事实，解释了中国经济未能显著影响国际油价的原因，并在此基础上得到近年来国际油价波动的一般性规律：油价上升一般仅由投机因素引起，但其下降则既包含投机因素，又包含需求因素。这为我国制定国际油价波动的差异化应对措施提供了重要的借鉴。

20世纪70年代两次石油危机驱使国际原油价格持续暴涨，1970年，国际市场上沙特阿拉伯原油价格仅为1.8美元/桶。1974年爆发第一次石油危机，国际原油价格首次突破10美元/桶，而1979年第二次石油危机发生时，国际原油价格则首次突破20美元/桶。甚至在1981年，国际原油价格最高达到39美元/桶。之后国际原油价格逐渐回落，1983年至2003年初的20年间国际油价较为稳定，一直徘徊在30美元之下，未出现国际原油价格大幅上涨回落的现象。2003年，第三次石油危机爆发，国际原油价格再次突破30美元/桶，然后一直呈大幅上涨态势，并且油价上涨速度相较前两次石油危机明显加快，2008年7月14日，纽约商品交易所WTI原油期货价格达到147.27美元/桶的历史新高[①]。

原油的重要性使得国际原油价格大幅波动往往会给世界各国的实体经济带来严重的打击，这促使经济学家回到一个基本问题的研究上：国际原油价格变化的起因到底是什么，哪些经济和政治因素可以影响到国际原油价格？早前的研究普遍认为1973年之前的国际原油价格上升是由国际原油市场供给短缺或中东阿拉伯国家实施的原油禁运造成的，其根本原因在于中东地区的地缘政治冲突，而且该时期OPEC在国际原油市场上对原油价格的影响力微不足道，国际原油价格外生于全球经济系统。1973年之后，经济学界则普遍认为国际原油价格内生于全球经济系统（Rotemberg和Woodford，1996；Barsky和Kilian，2001，2004；Hamilton，2003），即全球经济可以影响国际原油价格，全球原油需求、金融活动、由经济引发的地缘政治事件等都会对国际原油价格产生影响。

从2003年开始，国际原油市场的供给没有出现大幅波动，原油价格却在2007—2008年飙升。随着学术界对国际原油市场研究的深入，Cooper

---

① 资料来源：EIA（美国能源信息署）。

(2003)、Dahl(1993)和 Krichene(2002)发现国际原油市场有较低的供给价格弹性,原油供给对油价的反应较小。因此,经济学者将研究视线转移到原油需求与全球经济活动上,例如,Kilian(2009)、Krichene(2002)、He 等(2010)以及 Frenkel 和 Rose(2010)等都细致地讨论过这个问题。其中,具有代表性的结论是 Hamilton(2009a,2009b)关于2007—2008 年原油价格上升的两点发现:强劲的原油需求与沉滞的全球原油生产。

然而,谁才是强劲的原油需求者? 2003 年之后,世界经济强劲增长,尤其是中国、印度、俄罗斯等新兴经济体经济全面增长。而同时期发达国家的原油需求渐趋平稳,根据国际能源署(International Energy Agency,IEA)的数据,经济合作与发展组织(Organization for Economic Co-operation and Development,OECD)国家在 2000—2004 年年均石油需求增幅为0.6%。而亚洲发展中国家以及新兴经济体国家的原油需求则快速上升,并成为整体需求增长的主要动力,国际能源署(IEA)的统计数据表明,OECD 以外的亚洲地区在 2000—2004 年这一时期内的原油需求量年均增幅约为 4.8%,其中需求增长较强的包括中国、印度以及韩国,中国的原油需求增长尤其快速,在这五年内年均原油需求增长率高达 7.7%。这使得大量经济学家特别关注新兴经济体中增长最快的中国的经济快速发展对国际原油价格带来的影响。Hamilton(2009a,2009b)、Frenkel 和 Rose(2010)、Kilian 和 Hicks(2013)等研究认为,中国经济快速增长所带来的原油需求是国际油价上升的一个重要因素。与之相反,国内学者则得出了不同的结论,例如,韩立岩和尹力博(2012)研究发现中国经济增长不是国际大宗商品价格波动的主要影响因素;Du 等(2010)由格兰杰因果关系检验同样得出中国未对国际油价产生影响的结论。事实上,Hamilton 和 Kilian 等海外经济学家没有直接检测和确认将中国经济作为一个单独变量对国际油价的影响,例如,Hamilton(2009a,2009b)仅提供了中国原油的绝对消费量和消费增速,并没有计算其对国际油价的影响;而 Kilian 和 Hicks(2013)仅仅考虑中国和印度作为一个经济体时的整体影响。这些研究要么在测度指标、研究对象上存在问题,要么在方法上存在缺陷。因此,有必要利用新的方法和更精确的指标对中国经济发展与国际原油价格的关系展开研究。

7.2 实证分析

为了科学、严谨地测算中国经济增长对国际原油价格波动的影响，下面运用波动因素时点分解方法对 1994 年 1 月至 2020 年 6 月这一样本区间内导致国际原油价格波动的因素进行月度分解。

7.2.1 变量选择及数据描述

在 Hamilton（2009a，2009b）等研究的基础上，考察国际原油价格的影响因素，需先确定代表国际原油市场供给、国际原油市场需求以及国际原油价格的变量与数据。

首先，选用美国能源信息署（US the Energy Information Administration，EIA）统计的全球原油生产作为代表国际原油市场供给的指标。其次，因为现代经济发展活动需要以原油消费为支撑，所以我们用全球经济活动代表全球的原油市场需求。由于 OECD 几乎包括了全部的发达国家，该组织成员国的实际国内生产总值（GDP）在 2009 年占世界总额的比重为 51%，加之同年中国 GDP 占世界总额的比例是 15.9%，所以本书认为中国和 OECD 成员国的经济活动可以代表全球的原油需求。但是问题在于，实际 GDP 的统计数据都是以季度或年度为单位，无法满足我们对数据频度的要求（如果为了与 GDP 数据相匹配，把原油价格月度数据换算成季度数据，会丢失很多价格变动信息）。为了保证数据信息的完整性与数据的可得性，同时鉴于世界各个国家的工业生产部门原油消费最多，选择中国和 OECD 的工业增加值作为我们的月度指标来表示国际原油需求。实际上，Fukunaga（2009）等也使用了该指标。最后，我们选用 WTI 价格作为国际原油价格指标，WTI 价格在 1994 年 1 月至 2020 年 6 月的走势如图 7-1 所示。

WTI 价格和全球原油产量月度数据来源于 EIA 官方网站，中国工业增加值月度数据采自国家统计局，OECD 工业增加值月度数据采自 OECD 统计数据网站，中国以及 OECD 的贸易额来自国际货币基金组织。

参照方程式 (5-1)，Y_t 具体形式为 $Y_t = (oilprod_t, oecdip_t, chinaip_t, oilprice_t)'$，其中 $oilprod_t$ 代表全球原油产量，$oecdip_t$ 代表 OECD 工业增加值，$chinaip_t$ 代表中国工业增加值，$oilprice_t$ 代表实际原油价格，即 WTI 价格

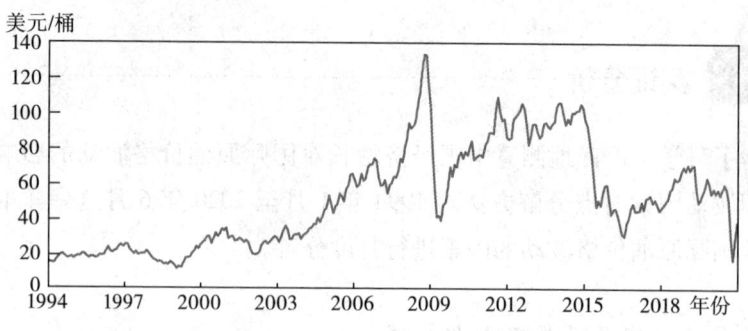

图 7-1　国际原油价格走势

除以美国同期消费者物价指数（CPI），美国 CPI 指数月度数据来自 CEIC 数据库。扰动列向量 u_t 包含原油供给脉冲、OECD 需求脉冲、中国需求脉冲以及投机需求脉冲。关于投机需求脉冲的定义，参见管清友和魏政（2009），表示原油购买者虽然目前不消费原油，但为了将来获得更大利润或预防油价上涨进行提前储备而产生的原油需求。所有数据均为月度频率数据，并且中国的工业增加值数据与 OECD 的工业增加值数据均进行季节调整，以消除季节因素对模型计算结果的影响。在对变量取对数之后进行一阶差分，根据 ADF（Augmented Dickey – Fuller Unit – root Test）单位根检验和 PP（Phillisps – Person Unit – root Test）单位根检验，可见所有变量在 1% 的显著性水平下拒绝存在单位根的原假设，确认所有变量均为平稳时间序列，变量的单位根检验结果如表 7-1 所示。

表 7-1　数据的单位根检验

变量	ADF 检验	PP 检验
$oilprod_t$	-17.5551*** (0.0000)	-17.5538*** (0.0000)
$chinaip_t$	-16.3421*** (0.0000)	-58.4942*** (0.0001)
$oecdip_t$	-11.3335*** (0.0000)	-11.0931*** (0.0000)
$oilprice_t$	-13.8694*** (0.0000)	-13.4017*** (0.0000)

注：括号中的数据值为 P 值，***表示 1% 的显著性水平。

7.2.2 约束识别机制

参见式（5-5），矩阵 C_0 中有 16 个参数，如果没有进一步的约束识别机制则无法对其进行估计。因为 $\sum_\varepsilon$ 是一个对称矩阵，所以只需 6[①] 项短期制约条件即可实现对它的估计。

首先，根据本书的计算，1994 年 1 月至 2020 年 6 月原油供给的价格弹性系数为 0.043，与此前 Hamilton（2009b）、Krichene（2002）测算的结果基本一致。所以国际原油市场的供给曲线基本上垂直于水平轴，即原油供给的价格弹性较小，原油市场供给波动对国际原油价格的影响较小。国际原油市场的这个重要特性揭示了其价格变化主要是由需求曲线移动引起，这为我们研究三个需求脉冲提供了理论支持。实际上，国际原油生产与供给取决于原油生产企业的生产能力，因为存在调整成本，在一个月之内，即使原油价格与经济活动发生波动，它们也不会轻易改变生产计划，即原油生产完全外生于全球经济系统。所以在矩阵 C_0 中，$c_{12} = c_{13} = c_{14} = 0$。

其次，因为目前国际原油贸易主要采用远洋运输来实现，原油从开采到进入原油进口国的炼油厂需要一定的时间，所以同样认为在一个月之内，国际原油价格的变化不会立即影响到全球经济活动，即认为国际原油价格不会立即影响 OECD 和中国的工业生产，所以有：$c_{24} = c_{34} = 0$。

最后，我们确定 OECD 和中国的工业增加值的关系。描述两个经济体相互关系的一个重要指标是贸易双方中一方占其贸易伙伴的出口比重。在本书的样本区间内，OECD 成员国在国际贸易中出口到中国的部分占其出口总额的历年范围是 2.67% ~ 10.37%，相反，中国出口到 OECD 的部分占其出口总额的历年范围是 69.07% ~ 86.86%。这两个差距巨大的指标实际上说明了一个单向关系：中国的需求波动几乎不会影响到 OECD 的出口，而 OECD 的需求波动会严重地影响到中国的出口。所以有：$c_{23} = 0$。

---

① 参见高铁梅（2009）第九章，计算公式为 $4 \times 3 \div 2$。

7.2.3 国际油价波动因素的时点分解

图7-2测算出了1994年1月至2020年6月每年国际原油价格波动因素的时点分解,该图实现了对样本区间内各时点油价波动的微观观察。图7-2(a)至图7-2(d)分别描绘了全球原油市场的供给、OECD成员国对原油的需求、中国对原油的需求以及国际金融市场的预防需求对国际原油价格的影响。

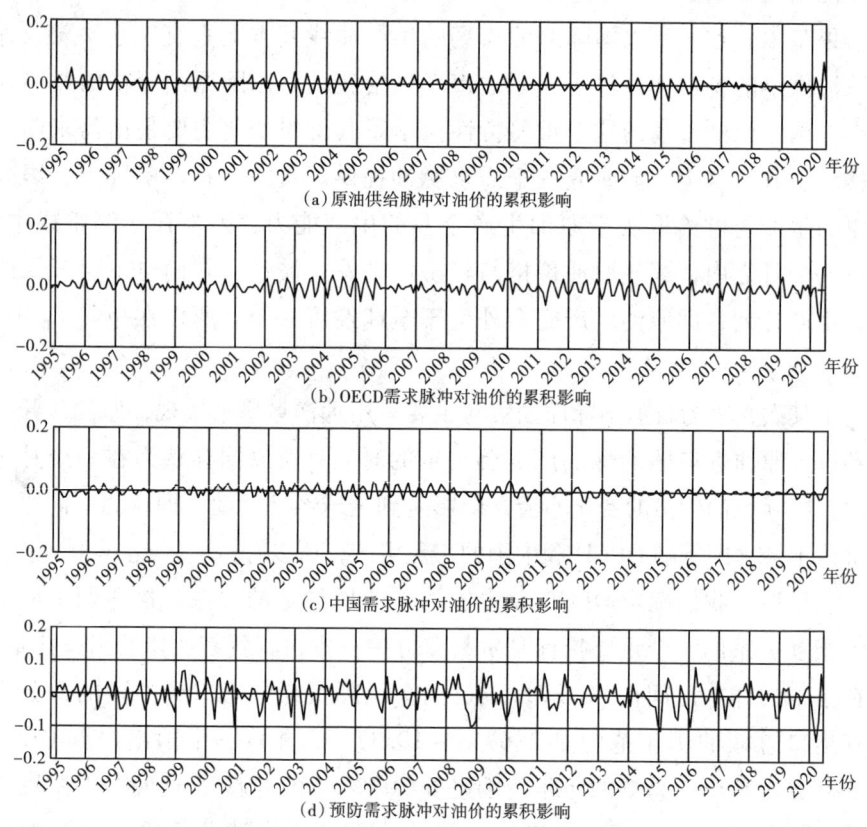

图7-2 国际原油价格波动因素时点分解

不同于1973年、1979年的两次石油危机,20世纪90年代以后,原油供给波动已经不是油价波动的主控因素[见图7-2(a)],在本书的样本区间中,国际原油市场供给脉冲对国际原油价格的影响一直在0附近小幅波动,未呈现出较大的波动影响,即使产生影响,也仅仅是微弱的、短时间的影响。例如，2002 年石油输出国组织（Organization of the Petroleum Exporting Countries, OPEC）即使减产也未能使国际原油价格显著上升，而 2003 年的增产同样未能使国际原油价格显著下降。从图 7-2（a）中我们还发现，原油供给脉冲带给国际原油价格的仅仅是短时间、小幅度的往复波动，揭示出全球原油生产的最新特点——全球某一地区的原油减产可能会伴随其他原油产区的增产，通过维持全球原油产量层面的基本平稳来达到维持国际原油价格的整体平稳的目的似乎已成为世界主要原油生产国家及地区的共识。

图 7-2（c）回答了我们关心的问题，虽然国际上较多的经济学者认为 2007—2008 年的国际原油价格上涨中有中国因素的影响，如 Kilian 和 Hicks（2013）、Hamilton（2009a，2009b）等的研究，但本书的测算结果并未支持此结论。本书研究结果表明，中国的经济增长波动并未对国际原油价格上涨起到促进作用，中国原油需求对国际原油价格的影响只是很小幅度、短时间的循环往复波动。从图 7-2（c）中可以看出，中国不仅没有在 2003—2008 年推高国际原油价格，反而在 1996 年、2009 年以及 2020 年实际上小幅拉低了国际原油价格。这可能与 1996 年中央政府对当时过热的宏观经济进行调控、中国工业生产由高位回落、实现经济软着陆有关。而 2009 年则由于受 2008 年国际金融危机的影响，中国经济增长放缓，原油需求降低。2020 年中国原油需求对国际原油价格起到了小幅的拉低作用，主要原因在于 2020 年年初新冠肺炎疫情暴发，为了控制疫情，中国政府做出了停工停产的决定，世界原油进口第一大国对原油的需求突然大幅减少，必然会在一定程度上拉低国际原油价格，但是这种影响也是很微弱的。

比较图 7-2（b）和图 7-2（c）可以看出，相比中国原油需求对国际原油价格的影响，OECD 成员国的原油需求对国际油价波动的影响更大。尤其是在 2002—2006 年，OECD 原油需求小幅度地提升了国际原油价格，这主要是由于 OECD 成员国主要是发达国家，且 OECD 成员国经济总量占世界经济总量比重较大，这一时期，发达国家经济发展较好，对原油的需求自然也随之增加，所以 OECD 在这一时期由需求拉动的国际原油价格上涨中具有一定的助推作用。此外，2020 年 OECD 成员国的原油需求在很大程度上拉低了国际原油价格，该影响程度仍旧远远大于中国原油需求对国际原油价格的影响。可能是由于OECD国家未及时防控新冠肺炎疫情或防控效果较差，导致这些国家2020年的经济仍然处于负增长状态，经济疲软导致其对原油的需求也大幅降低，所以会在很大程度上拉低国际原油价格。而中国由于出色的疫情防控成绩，全国范围的生产生活恢复较早，根据国际货币基金组织（International Monetary Fund，IMF）的统计数据，中国是全球在2020年唯一实现经济正增长的主要国家，经济增长恢复较快，对国际原油价格的影响也相对微弱。

由于近20年国际原油市场的金融化日益严重，加之2000年之后的全球流动性泛滥，投机需求成为国际油价波动的最主要因素［见图7-2（d）］，预防需求对国际原油价格的影响呈现出大幅度以及较长时间的特征。2007年8月美国次贷危机发生后，以美国为代表的主要发达国家实行的宽松货币政策引起美元持续贬值，至2008年次贷危机演化为全球性金融危机之后，国际油价在2008年7月迎来历史新高，纽约商品期货交易所的WTI期货价格一度达到147.27美元/桶。短期内国际油价的上升表现出完全脱离实体面、主要受金融面影响的特征。从图7-2（d）中可以明显地看出，2007—2008年国际原油价格飙升主要是受到预防需求的影响。在这一时期发达国家以及新兴经济体国家经济发展全都呈现出欣欣向荣的状态，尤其是新兴经济体如中国、印度等国家具有旺盛的能源需求，全球也普遍具有旺盛的消费需求，容易使投资者形成经济发展向好的预期，导致原油金融市场涌入大量资金，从而在短时间内造成国际原油价格暴涨的局面。

在2008年7月国际油价飙升之后，2008年下半年至2009年国际油价迎来暴跌，目前关于油价暴跌的研究很少，根据本书的测算，我们发现除原油期货市场上投机基金的撤出之外［见图7-2（d）］，受2008年全球金融危机的影响，中国经济增长放缓所带来的原油需求减少［见图7-2（c）］也是2009年油价暴跌的原因。对比图7-2（c）和图7-2（d）可知，此时期导致国际原油价格暴跌最主要的原因是预防需求冲击，即由于次贷危机以及金融危机的影响，投资者看空原油金融市场，国际原油期货市场上大量投机基金撤出，导致国际原油价格暴跌。该时期中国原油需求的减少对国际油价下跌只起到了微弱的负作用。同样，2014年油价暴跌、2016年油价下跌以及2020年油价下跌的主要影响因素也是原油期货市场上的投机行为，尤其是 2020 年 4 月 WTI 价格下跌至 -40 美元/桶。可见，近年来，国际油价大幅波动主要是由原油期货市场中的投机因素引起的，金融市场在经济发展中占据了越来越重要的地位，在受实体经济影响的同时，对实体经济也产生了不容小觑的影响。

图 7-2 的优点在于可以观察和检索任何一个时间点油价变化的主控因素，这是以往脉冲响应函数无法实现的功能。为与图 7-1 所示的国际油价走势相对应，结合图 7-2 油价波动因素的时点分解，我们将油价波动的主要年份与其波动因素总结在表 7-2 中，以供读者参照分析①。

表 7-2 主要年份油价波动的因素分解

波动时间（见图 7-1）	油价波动的因素分解（见图 7-2）
1995 年	OECD 需求的负作用和投机需求的正作用抵消，表现为油价平稳
1996 年	中国需求的负作用小于 OECD 需求和投机需求的正作用，表现为油价小幅上涨
1999—2000 年	投机需求的正作用，表现为油价上涨
2001 年	中国需求微小负作用和投机需求的显著负作用，表现为油价下降
2004—2005 年	OECD 需求的正作用和投机需求的正作用，共同导致油价上涨
2006 年	投机需求的显著负作用，表现为油价下降
2007—2008 年	投机需求的显著正作用，表现为油价急剧上涨
2009 年	中国需求的负作用和投机需求的负作用，共同导致油价下降
2010—2011 年	OECD 需求的正作用和投机需求的正作用，共同导致油价上涨
2012 年	各脉冲均无大的波动，油价最终表现平稳
2014—2015 年	投机需求的显著负作用，表现为油价下跌
2016—2018 年	OECD 需求的微小正作用和投机需求的正作用，共同导致油价上涨
2019 年	OECD 需求的微小正作用小于投机需求的负作用，表现为油价下跌
2020 年	OECD 需求和投机需求的强烈负作用，共同导致油价下跌

同时，为验证该算法的准确性，我们计算出该模型的脉冲响应函数（见图 7-3），同样发现投机需求脉冲和 OECD 需求脉冲对国际原油价格产生了显著、持续的影响，而原油供给脉冲和中国需求脉冲几乎没有影响到国际原油价格，与图 7-2 中时点分解的结论相一致。

---

① 为了方便分析，表 7-2 按照年度时点进行分析。

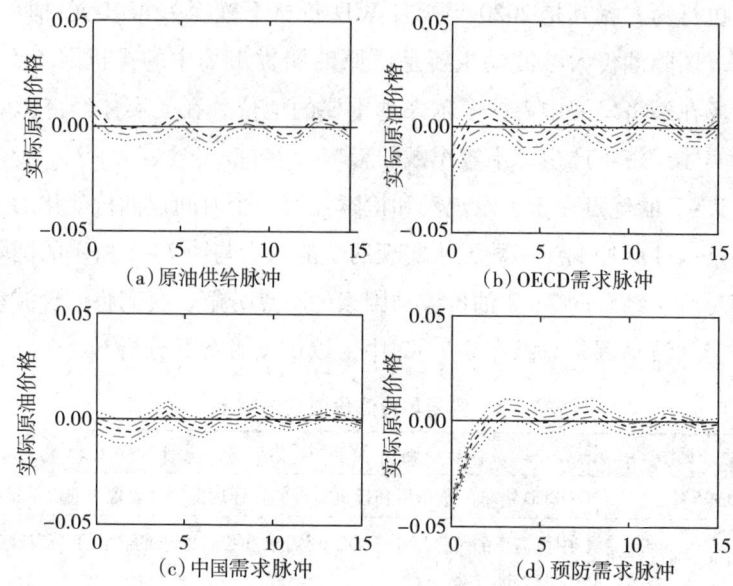

图 7-3 1994—2020 年一个单位标准偏差下的脉冲响应函数

注：图中虚线表示一个和两个标准误差带。

7.3 中国经济为什么没能影响到国际油价

本书的研究表明，中国经济虽然在近 20 年一直保持中高速的增长，但是并未对国际原油价格产生明显的拉升作用，特别是在 2007—2008 年的国际原油价格飙升中并未彰显作用。而在该问题的相关研究中，为什么国际经济学界，如经济学家 James D. Hamilton 和 Lutz Kilian 却提出了中国经济对国际油价具有巨大提升作用的论点呢？接下来本书分析他们分析的疏忽之处，同时尝试利用中国原油消费占世界总消费的比重来解释这一现象。

虽然 Hamilton（2009b）强调中国经济在 2007—2008 年的国际油价飙升中有提升作用，遗憾的是其研究并未建立计量模型来分析中国所扮演角色的问题，仅仅列出了中国原油消费的年增长率和原油生产水平，强调了中国原油消费的绝对数量，却忽视了中国原油消费的相对数量。实际上，中国原油消费占世界总消费的比重在 1994 年 1 月为 4.44%（见图 7-4），即使随着经济的发展，原油消费占比不断上升，到 2019 年也仅占到

14.30%。而同一时期，OECD成员国原油消费占世界总消费的比重是46.63%，美国是19.74%。可见，中国虽然具有强劲的原油需求，但是原油消费占世界总消费比例仍然低于OECD成员国和美国。该研究中总结了2007—2008年油价上涨的两个主要原因是世界原油市场的强劲需求和沉滞生产。遗憾的是，其未能解释为什么世界原油生产会出现此沉滞性。管清友和魏政（2009）发现，中心国家（美国、日本等国家）的基础货币超发导致了全球流动性过剩，使大宗商品包括原油等的价格快速攀升。Frenke和Rose（2010）解释了大多数发达国家宽松的货币政策是导致原油生产出现沉滞的一个重要因素，因为低利息率会导致原油的需求增加、供给减少。

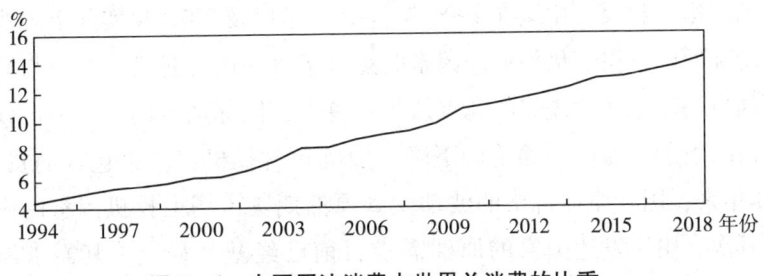

图7-4 中国原油消费占世界总消费的比重

Kilian和Hicks（2013）计算了将中国和印度作为一个经济体时对国际油价的影响。该研究将EIU（Economist Intelligence Unit）机构预测的相邻两个月的该联合经济体实际GDP增长率相减，定义为预测修正（forecast revision or forecast surprises），再将预测修正值乘以两国实际GDP占世界实际GDP的比重，定义该变量为信息冲击（news shocks），以此作为多项式分布滞后模型的解释变量，并测算其对国际油价的影响。得出结论：每当对中国和印度联合经济体年度GDP增长的预测修正值变动0.1%，国际油价的上升幅度从受冲击当月的0.5%升至一年后的5%。

表7-3列出了中国的GDP占世界的比重和原油消费占世界的比重，Kilian和Hicks（2013）的问题在于忽视了中国实际GDP占世界GDP的比重高于中国原油消费占世界原油消费的比重这一事实。在本书的样本区间内，中国的原油消费增长速度（年均增速6.34%）低于中国的经济增长速度（年均增速9.18%），如果使用GDP的比重来计算，实际上夸大了中国的作用。

表 7-3 中国的 GDP 和原油消费占世界总额的比重 （%）

年份	1996 年	2002 年	2009 年
GDP	9.2	12.3	15.9
原油消费	5.0	6.6	9.9

7.4 结论与启示

本书运用波动因素时点分解方法研究了近 20 年国际油价波动的起因，对其走势进行了梳理。通过本章对国际油价的全景式分析，发现中国经济增长并未显著影响到国际油价，特别是在 2008 年的国际油价飙升中未检测到中国因素。相反，中国在 1996 年、2009 年以及 2020 年实际上均小幅拉低了国际原油价格。借助波动因素时点分解方法的先进性，本书得到对国际原油价格动态演化规律的几点认识：首先，国际油价的上升一般仅仅由投机需求引起，而国际油价的下降一般既包含投机需求也包含消费需求。近 20 年来，国际原油价格的波动受到原油期货市场上投机因素的影响最大。其次，由于发达国家的原油需求目前已经基本稳定，其需求波动较小，其对国际原油价格的冲击转为次要因素，而主要产油国和产油地区为避免额外损失，已经达成了通过维持全球原油总产量基本稳定来稳定国际原油价格的默契，所以原油供给波动更为微小，已经不是国际油价波动的主要因素。最后，目前中国经济发展尚未能影响到国际原油价格，可能的原因在于，中国原油消费占世界总消费量的比重依然较低。

2018 年 3 月 26 日，上海国际能源中心正式推出中国原油期货（INE），经过三年的发展，其虽然对 WTI 原油期货价格、布伦特原油期货价格以及阿曼原油期货价格等国际基准原油价格产生了一定程度的影响，但是尚不能反映中国国内原油市场的实际供需情况。而且中国原油期货在全球范围内的影响力较小，暂且不能与 WTI、BRENT 等国际基准油价比肩。因此，虽然中国已经拥有了自己的原油期货市场，但是尚不具备主导国际原油价格变化的能力，国内油价只是被动追随国际油价的变化，而且现实中屡次在国际油价波动中被置于波动源的不利境地，对我国经济稳定发展造成了不利的影响。因此，我国应提升中国原油期货的国际影响力，提升我国在国际大宗商品定价体系中的话语权，争取原油国际定价权，改变以往被国际油价牵制的局面。

政策层面，首先，我国应在国际上正确、及时地宣传中国经济对国际原油价格的影响作用，使世界其他国家媒体和学者正确认识到中国在国际原油价格波动中扮演的角色，避免国际社会由此对中国进行无端的指责，维护我国在国际社会中负责任的大国形象。同时，这不仅关系到中国经济本身能否健康成长，而且也关系到我国对国际经济政治形势的正确把握和应对。其次，本章发现国际原油升降的非对称性因素，即油价上升一般仅由投机因素引起，但其下降则既包含投机因素，又包含需求因素，这为制定国际原油价格波动的差别化应对措施提供了重要借鉴。最后，我国需要继续发展完善我国的原油期货交易市场，只有拥有相对成熟的原油期货市场，才能根据国内庞大的原油消费需求来制定原油价格，如此才能从根本上减轻国际油价波动对我国经济发展的影响。

8 油价多样性波动因素对中国经济增长的影响

8.1 油价的涨跌对中国经济增长的影响

中国经过几十年的快速发展各方面都发生了深刻的变化，目前中国已经成为世界第二大经济体。中国的发展与能源有着密切的联系，中国对原油的需求随着经济的发展不断增加，但是中国国内的原油产量在1990年后增长速度逐渐变缓。中国作为目前全球原油第一进口大国和第二消费大国，经济增长自然会受到国际原油价格波动的影响，而近年来国际油价波动剧烈，既有2008年上半年的暴涨，也有2008年第三季度因为全球金融危机引发的油价暴跌，还有2014年之后的国际油价持续下跌以及2020年全球新冠肺炎疫情期间的国际油价跌至十几年来的最低值（见图8-1）。通常情况下，油价上涨会加重企业的生产成本，抑制企业的投资意愿，引起总需求减少，最后导致全社会总产出降低，但是2008年上半年的油价暴涨并没有给中国经济带来显著的衰退效应，甚至有学者研究发现中国经济增长出现了与国际原油价格上涨正相关的反常现象。那么，2014—2020年国际油价的几次下跌又给中国经济带来了怎样的影响呢？中国能否在低油价的国际环境中获得较快的经济增长呢？

受已有计量方法的局限，以往学者的研究仅能直接测算国际油价波动对宏观经济的影响，未能甄别国际油价的波动来源，也无法对国际油价各波动源的经济影响结果进行深入研究。本书首先构建结构向量自回归模型，根据经济学理论将各变量合理排序，然后将国际油价波动因素逐个剥离，再利用多项式分布滞后模型测算各波动因素对中国经济的冲击效应，

8 油价多样性波动因素对中国经济增长的影响

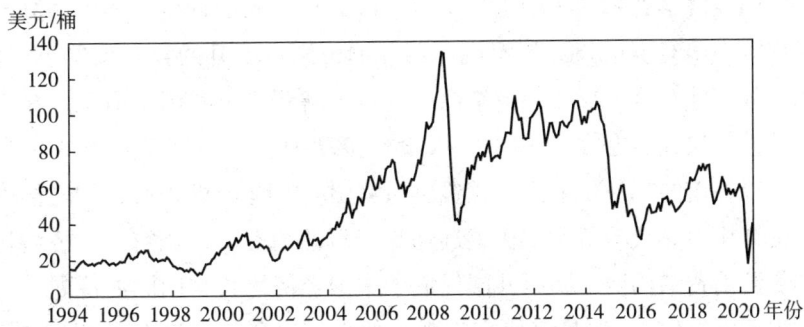

图 8-1 1994—2020 年 WTI 国际油价趋势图

资料来源：EIA（美国能源信息署）。

根据计量模型计算结果给出中国针对国际油价波动的应对策略，最终发现目前中国经济增长中存在的深层次问题。

原油作为现代社会经济发展的重要战略物资，其价格波动一直备受世界各国的关注。中国原油对外依存度 2020 年已经超过 70%，远远超过了国际警戒水平。因此，研究国际油价波动对中国经济增长的影响具有重要的现实意义。已有研究主要考察国际油价波动对经济增长产生作用的传输途径与影响机制，发现国际油价快速上升引起企业生产成本上升，造成物价水平整体高企，居民实际工资下降，社会总产出减少，最终导致滞胀的发生。[①] 例如，1973 年与 1979 年的两次石油危机给发达国家带来了严重的经济影响，造成物价水平急剧上升、失业率不断提高以及经济发展速度滑坡。[②] 进入 21 世纪，尤其是在 2003—2008 年，国际油价持续飙升，但是此轮油价上涨对经济的影响与前两次石油危机相比已经大为减弱。虽然国外有研究从原油利用率提高、工资刚性降低、货币政策改进与好运气（即有害的冲击较少）四个方面对该现象进行了分析，但是这些研究却无法解释为什么日本经济增长在国际油价上升中出现正向反应的现象。[③] 无独有

[①] 张斌,徐建炜. 石油价格冲击与中国的宏观经济:机制、影响与对策[J]. 管理世界,2010(11):18-27.

[②] Hamilton James D. Oil and the macroeconomy since World War II [J]. Political Economy, 1983, 91(2):228-248.

[③] O. Blanchard, J. Galf. The macroeconomic effects of oil shocks: Why are the 2000s so different from the 1970s? [R]. CEPR Discussion Papers 6631, C. E. P. R. Discussion Papers,2008.

偶，国内经济学者将国际油价与中国经济放在不同的计量模型中测算，同样发现了中国经济增长近年出现与国际油价同步上升的异常现象。① 林伯强和牟敦国针对这一反常现象给出的经济学解释为：我国目前正处在工业化和城镇化快速发展的进程中，以投资拉动为主的经济增长方式仍在持续，所以即使国际油价上升，投资也能够拉动中国 GDP 上升，加之国内能源消费结构中煤炭消费所占比重远远高于石油消费所占比重，经济增长结构和能源消费结构两个因素共同促成了中国经济增长与国际油价同步上升异常现象的发生。② 但是该研究的观点似乎仅适合于解释中国经济增长对国际油价上涨做出正向反应的情形，却并不适合用来解释日本经济增长在国际油价上升中出现正向反应的现象。因为日本的经济增长不是以投资拉动的，并且日本的能源消费结构中石油消费所占比重较大，煤炭消费所占比重较小，但是在国际油价高涨的情况下日本依然出现了正向经济增长的现象。

2008 年下半年至 2009 年年初的国际油价下跌由于发生在国际金融危机期间，加之持续时间比较短，此轮油价下跌的经济影响并没有引起学界的重视。但是自 2014 年 6 月至 2020 年，国际油价出现了几次大幅度下跌，目前仍在低位徘徊。虽然已经有研究就国际油价下跌原因进行了分析，但是由于目前中国经济增长速度有所下滑，我们有必要关注在国际油价下跌的有利条件下，中国经济增长能否再次回到高速区间，以及低油价是否能够有效促进中国经济增长。

虽然已有文献关注国际油价波动对中国经济的影响后果，但是其仅仅分析国际油价、物价水平、中国 GDP 等常规宏观变量，缺乏对国际油价波动的深入研究。实际上，在原油供给稳定的条件下，国际油价已经成为世界经济实际消费需求的内生变量，国际油价波动诱因更多地体现在世界经济的景气与衰退循环中，国际油价的涨跌在一定程度上反映了世界经济景气趋势。③ 由于先行研究并没有深入到国际油价波动的源头，也就不能对

---

① Y. N. He, S. Y. Wang, K. K. Lai. Global economic activity and crude oil prices: A cointegration analysis[J]. *Energy Economics*, 2010, 32(4): 868 – 876.

② 林伯强, 牟敦国. 能源价格对宏观经济的影响——基于可计算一般均衡（CGE）的分析[J]. 经济研究, 2008, 43(11): 88 – 101.

③ L. Kilian. Not all oil price shocks are alike: Disentangling demand and supply shocks in the crude oil market[J]. *American Economic Review*, 2009, 91(3): 1053 – 1069.

2008年第一季度国际油价暴涨、2014—2020年几次国际油价暴跌引起的经济效应弱化这些反常现象进行合理的解释。为此,本书尝试以油价波动的多样性起因为视角,研究油价的不同波动起因给经济增长带来的差异效应,重点关注2014—2020年国际油价下跌能否真正拉动中国经济增长。

8.2 油价下跌有利于中国经济增长吗

8.2.1 计量模型的构建

结构向量自回归模型(SVAR)是在向量自回归(VAR)模型基础上建立起来更具有经济含义和反映经济运行现实状况的计量模型。该模型通常将几个经济上相关的变量置于一个列向量之中,按照约束条件对这些变量进行排序。如果变量选择合理,约束条件施加正确,从最后一个变量的视角逆看,模型中的其他变量即成为最后一个变量的波动因素。因此,本书采用SVAR模型及其两个应用分析国际原油价格的波动因素:第一,按照约束条件对模型进行识别、估计,获得油价波动的多样性起因序列;第二,通过脉冲响应函数分别测算油价波动的多样性起因对中国经济的影响。具体计算过程如下:

假定四变量列向量 Y_t 形式为 $Y_t = (Y_{1,t}, Y_{2,t}, Y_{3,t}, Y_{4,t})'$。SVAR 模型标准形式如下:

$$D_0 Y_t = \Gamma + \sum_{i=1}^{s} D_i Y_{t-i} + u_t \tag{8-1}$$

其中,D_0 代表结构矩阵,且非奇异。Γ 代表截距列向量,s 为模型的滞后阶数。u_t 代表互不相关的结构扰动列向量,包含 $u_{1,t}, u_{2,t}, u_{3,t}, u_{4,t}$ 四个扰动变量。

使用滞后算子 L 对上式进行变形,得:

$$A(L) Y_t = B + \varepsilon_t \tag{8-2}$$

$A(L) = I_4 - \sum_{i=1}^{s} A_i$,$I_4$ 为四阶单位矩阵。继而在式(8-2)两侧前乘 $A(L)^{-1}$,可以将式(8-2)转换成VMA(∞)(Vector Moving Average,无穷阶向量移动平均)模型的形式:

$$Y_t = \mu + \Theta(L) u_t \qquad (8-3)$$

其中，$\mu = A(L)^{-1}B$，$\Theta(L) = A(L)^{-1}C_0 = \Theta(0) + \Theta(1) + \cdots$，括号内的数字表示时间顺序。

假如我们关注各脉冲对 $Y_{3,t}$ 影响，或者说 $Y_{3,t}$ 对 $u_{1,t}, u_{2,t}, u_{3,t}, u_{4,t}$ 的响应，则可用下面的偏导函数表示：

$$\theta_{31}^{(s)} = \frac{\partial y_{3,t+s}}{\partial u_{1,t}}, \theta_{32}^{(s)} = \frac{\partial y_{3,t+s}}{\partial u_{2,t}}, \theta_{33}^{(s)} = \frac{\partial y_{3,t+s}}{\partial u_{3,t}}, \theta_{34}^{(s)} = \frac{\partial y_{3,t+s}}{\partial u_{4,t}} \qquad (8-4)$$

例如，$\theta_{31}^{(s)}$ 表示 t 时刻发生的脉冲 $u_{1,t}$ 在 $t+s$ 时刻对 $y_{3,t+s}$ 的冲击。

式（8-4）即脉冲响应函数。

最后，如果 $Y_{3,t}$ 表示中国经济增长，我们使用 $u_{1,t}, u_{2,t}, u_{3,t}, u_{4,t}$ 这四个扰动序列作为油价波动的多样性起因，则我们可以通过分布滞后模型测算异质性油价波动因素对中国经济增长的影响。具体如下：

$$Y_{3,t} = \beta_0 + \sum_{i=0}^{p} \beta_{j,i} u_{j,t-i} + v_{j,t}, j = 1,2,3,4 \qquad (8-5)$$

其中，$u_{j,t}$ 代表四种油价冲击因素。式（8-5）中各参数 $\beta_{j,i}$ 表示油价波动对中国经济增长的影响幅度。

8.2.2 油价下跌因素对中国经济的异质性影响

由于中国自1993年下半年开始成为原油净进口国，考虑到数据的可得性，本书将样本区间选择为1994年1月至2020年6月。下面运用上述方法首先对样本区间内的国际油价波动因素进行分解，然后计算各波动序列对中国经济增长的影响。

（1）变量选择及数据描述

在 Hamilton 等（2009）研究的基础上，考察国际油价的影响因素，需确定代表国际原油市场的原油供给、需求以及价格的变量和数据。[①][②] 首先，本书采用 EIA 统计的全球原油生产作为原油供给指标。其次，因为我们分析的焦点集中在中国经济角色，所以中国经济行为应为一个独立变

[①] Hamilton James D. Understanding crude oil prices, The energy journal [J]. 2009, 30(2):179-206.

[②] Hamilton James D. Causes and consequences of the Oil shock of 2007-2008, Brookings papers on economic activity [J]. 2009b (spring), 40(1):215-261.

量。由于 OECD 几乎包括了世界上全部的发达国家，本书认为中国和 OECD 的经济行为可以代表全球原油的实际消费需求，并选择用中国、OECD 的工业增加值的月度指标来表示国际原油实际消费需求。实际上，Fukunaga 等（2009）也使用了该指标。① 最后，关于国际油价指标，由于原油以美元定价，按照惯例，将美国进口原油的炼油成本价格（US Refiner Acquisition Cost of Imported Crude Oil，RAC）除以美国同期的 CPI 指数即得到实际原油价格。

本书中使用的 RAC 价格、世界原油总供给、中国以及世界的原油总消费数据来源于 EIA 网站，OECD 的工业增加值来源于 OECD 数据库，中国与 OECD 间的贸易额来自 IMF（国际货币基金组织），中国和美国的 CPI 指数来自 CEIC 数据库。

参照式（8-1），Y_t 的具体形式为 $Y_t = (oilprod_t, oecdip_t, chinaip_t, oilprice_t)$，其中 $oilprod_t$ 代表全球原油产量，$oecdip_t$ 代表 OECD 工业增加值，$chinaip_t$ 代表中国工业增加值，$oilprice_t$ 代表实际原油价格，即 RAC 价格。扰动列向量 u_t 包含原油供给脉冲、OECD 需求脉冲、中国需求脉冲以及预防需求脉冲。关于最后一个脉冲的定义，依照管清友、魏政（2011）的研究，表示原油购买者即使目前不消费原油，但为了将来获得更大利润或预防国际油价上涨而产生的原油需求。② 所有数据均为月度频率，并且中国与 OECD 的工业增加值数据均进行季节调整。在对变量取对数之后进行一阶差分，根据 ADF 和 PP 单位根检验，确认所有变量均为平稳序列，变量的单位根检验结果如表 8-1 所示。

表 8-1 数据的单位根检验

变量	ADF 检验	PP 检验
$oilprod_t$	-14.066*** (0.0000)	-17.666*** (0.0000)
$chinaip_t$	-4.969*** (0.0000)	-10.454*** (0.0000)

---

① I. Fukunaga, N. Hirakata, N. Sudo. The effects of oil price changes on the industry-level production and prices in the U.S. and Japan, IMES Discussion Paper Series, 2009(E-24).

② 管清友,魏政. 全球流动性与大宗商品价格探析[J]. 银行家,2011(2):99-103.

续表

变量	ADF 检验	PP 检验
$oecdip_t$	-3.740^{***} (0.0041)	-23.763^{***} (0.0000)
$oilprice_t$	-6.450^{***} (0.0000)	-4.471^{***} (0.0003)

注：括号中的数据值为 P 值，$*$、$**$ 和 $***$ 分别表示 10%、5% 和 1% 的显著性水平。

（2）约束识别机制

参见式（8-1），矩阵 D_0 中有 16 个参数，如果没有进一步的约束识别机制则无法对其进行估计。因为 $\sum_\varepsilon$ 是一个对称矩阵，且主对角线元素为 1，所以只需 6 项短期制约条件即可实现对它的估计。

首先，国际原油生产取决于原油生产企业的生产能力，因为存在调整成本，在一个月之内，即使原油价格与经济活动发生波动，产油企业也不会轻易改变生产计划，即原油生产完全外生于全球经济系统。因此，在矩阵 D_0 中，$d_{12}=d_{13}=d_{14}=0$。其次，因为目前国际原油贸易主要采用远洋船舶运输来实现，原油从开采到进入原油进口国的炼油厂需要一定的时间，所以同样认为在一个月之内，国际油价的变化不会立即影响到全球经济活动，因此有：$d_{24}=d_{34}=0$。最后，确定 OECD 和中国的工业生产的关系。描述两个经济体相互关系的一个重要指标是贸易一方占其贸易伙伴的出口比重。在本书的样本区间内，OECD 出口到中国的部分占其出口总额的历年范围是 2.67%~10.37%，相反，中国出口到 OECD 的部分占其出口总额的历年范围是 69.07%~86.86%。这两个差距巨大的指标实际上说明了一个单向关系：中国国内的需求波动几乎不会影响到 OECD 的出口，而 OECD 的需求波动会严重地影响到中国的出口。因此有：$d_{23}=0$。

（3）国际油价波动因素的时序分解

图 8-2 显示了测算出的 1994—2020 年国际原油价格波动因素的时序分解，即四种不同因素在具体时间点上的波动情况。各波动因素的时序分解不仅可以提供国际油价多样性波动的原始数据，还可以验证我们计量模型建立的正确与否。

由图 8-2（a）可知，国际原油市场的供给在 1999 年、2002 年、2007

8 油价多样性波动因素对中国经济增长的影响

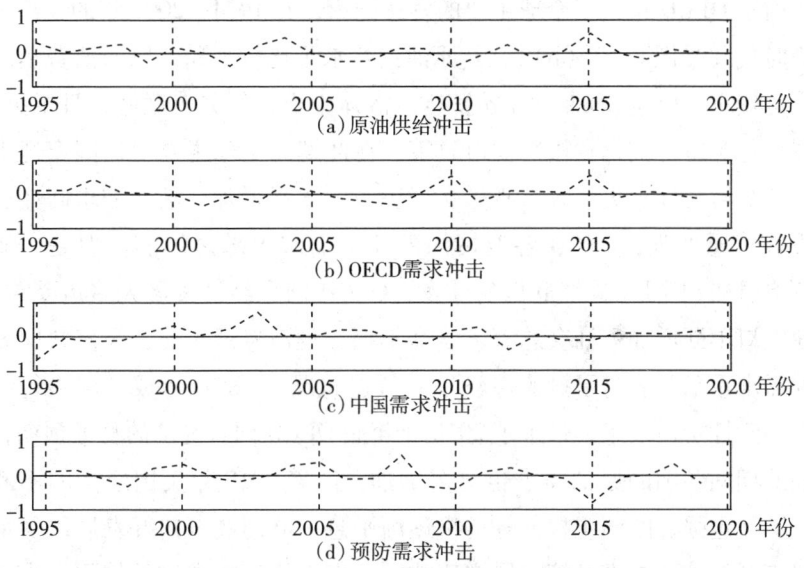

图 8-2 国际原油价格各波动因素的时序分解

年、2010年、2013年均显著减少。实际上，1998年12月国际油价降至11.35美元/桶，全球各产油国出现原油库存过剩，所以在随后的1999年，原油主产国为维持原油总收入纷纷大幅度减产。而后在2001年，国际油价跌破20美元/桶，同样引起OPEC等产油组织的集体性减产。随着2003年6月开始的国际大宗商品价格的持续上涨，2004年各产油国原油均增产。时至2007年，随着全球加息热潮以及通货紧缩的加强，至10月国际原油价格已跌至60美元下方。油价的持续下跌引起了OPEC各产油国恐慌。所以OPEC于2007年10月19日就减产保价达成一致意见，决议将其日产量下调120万桶。而在2010年，随着欧洲债务危机的爆发和蔓延，欧元区经济增长呈现出疲态，原油需求不足，2010年国际原油价格出现小幅度下跌，因此世界原油供给有所下降。随着2013年世界经济复苏乏力，世界新兴经济体市场经济形势下行，世界原油需求总体不旺盛，加之近年来欧洲北海油田产油量不断降低，北非和中东地区等世界主要石油产地局势动荡，导致石油产量不增反降。而近年来，随着中东地区地缘政治的稳定以及非常规原油（页岩油等）开采技术的突破，常规原油与页岩油等产量在2014年开始持续增加。可见，由计量模型测算的供给冲击因素分解较好地拟合了国际原油市场供给的真实情形。

由于 OECD 包括了全球主要的发达国家,在 1994—2004 年的经济增长平稳时代[见图 8-2 (b)],其原油消费水平比较平稳,原油消费量波动幅度也较小。由于 2005 年世界发达经济体中央银行如美联储、日本央行、欧洲央行等纷纷实行宽松性货币政策,在此期间全球主要发达国家迎来了经济的短暂景气,失业人口减少、居民收入水平增加,消费需求旺盛、企业投资意愿增强,OECD 各成员国的原油需求也随之增多。但是,随着 2007 年下半年国际金融危机的爆发,OECD 国家经济发展大多遭受重创,失业人口不断增加、社会总需求萎靡不振、经济发展失速,大多数国家的原油需求量猛跌。为了摆脱经济发展低迷状况,OECD 各成员国央行纷纷实行刺激性货币政策,带来了 2010 年年底 OECD 国家经济的复苏预期,所以在此期间各国的原油需求也显著增加。随着 2015 年美国经济的不断复苏、美元走强、欧洲主权债务危机逐渐平息、欧洲经济向好发展以及世界新兴市场经济体国家经济发展增速放缓,世界原油需求增长的驱动力量部分由非 OECD 国家转向 OECD 国家,所以在 2015 年 OECD 国家原油需求有明显的增加。2016—2020 年,随着美元走强,即使欧洲各国与日本央行实行宽松性货币政策,效果也不佳,OECD 国家经济除美国之外整体复苏缓慢,加之 2020 年新冠肺炎疫情在全球的蔓延,世界各国除了中国经济增长速度保持正向以外,其他国家的经济增长速度均为负数。而 OECD 国家受全球新冠肺炎疫情的影响以及面对疫情时国内应对措施的延迟与低效,经济也纷纷出现滑坡,失业人数增加,所以原油需求依然低迷。

我们可以从图 8-2 (c) 中发现中国经济的景气趋势与原油需求的演变关系。1993 年中国通货膨胀率达到 14.7%,而 1994 年达到 24.1%。经济增长过热引发中国人民银行实行适度从紧的货币政策,最终实现中国经济的软着陆,从而引发经济增长速度暂时放缓的景象,导致实际原油需求减少。进入 21 世纪后,作为世界最大的新兴市场经济体,中国的经济增长速度始终保持了较高的水平,直至 2009 年全球金融危机波及中国为止,所以在此期间中国的原油需求稳步增长。但是随着经济增长结构性问题的凸显,2012 年后,中国经济发展过程中存在的深层次问题不断暴露出来,在近几十年的经济发展过程中中国存在着产业结构失衡、资源配置效率较低、产能过剩等问题。为实现中国经济的持续平稳发展,中国不再一味追求 GDP 高速度增长,转而更加注重经济的高质量发展,中国经济增长速度逐渐放缓，引发中国国内实际原油需求降低。可见，图8-2（c）曲线完全真实地反映了中国近30年经济增长的历史趋势。

最后，关于预防需求曲线［见图8-2（d）］。近30年国际原油市场各方面都发生了显著的变化，特别是原油的商品属性不断减弱，金融属性不断增强。在21世纪前十年国际流动性泛滥的情况下，原油成为众多投资机构的重要标的，投机基金在国际金融市场上的进出引起原油期货价格的轮番涨跌。因此，目前学术界普遍认为2008年年初147美元/桶的最高油价即为国际原油市场金融化的真实反映。而2008年国际金融危机爆发以后，世界各国或多或少都受到了金融危机的影响，经济发展都遭受到了不同程度的打击，在随后的几年中全球经济萎靡不振，各国对原油的实际消费需求总体减少，以往以世界各国实体经济发展需求为依托的高油价失去实体经济需求的支撑，投机基金也纷纷撤离国际原油期货市场，引发国际油价的进一步下跌。特别是在2013年以后，世界新兴市场经济体国家如中国、印度、巴西、俄罗斯等国经济增长速度普遍下滑，各国原油的实际消费需求不旺，导致投机基金加剧撤离原油期货市场。

因为SVAR模型最大的特点在于各结构冲击的独立性，如果模型建立正确、施加的约束条件合理，则原油价格多样性波动因素时序图可以真实反映各自的历史发展脉络。从以上分析可以看出，图8-2不仅可以验证我们计量模型约束条件施加的正确性，还可以验证模型构建的正确性。

（4）多样性油价波动因素对中国经济的影响

由于图8-2中样本数据为月度数据，而经济增长数据为季度数据，我们将油价波动各因素原始的月度数据加权平均为季度数据，并利用多项式分布滞后模型测算其对中国经济增长的影响。具体而言，图8-3描绘了油价波动中的供给冲击、OECD需求冲击、中国需求冲击以及预防需求冲击在12个季度内对中国经济增长的差异效应。

图8-3（a）显示无论是在短期还是在长期，国际原油市场的供给波动都没有给中国经济带来显著影响。造成该现象的原因主要可以归纳为以下四点：第一，2008年之前的全球原油总产量基本稳定，即使近年来原油供给小幅增加，对国际油价的冲击效应依然较小，尤其对于国内市场而言，由于各种税费的叠加，即使国际油价出现大幅度下跌，国内的成品油价格由于"地板价"的存在波动幅度也较小，所以国内企业的生产成本、

物价整体水平不会出现明显变化，对经济增长基本没有什么影响。第二，中国国家原油储备规模虽然不及美国、日本等发达国家90~200天使用量的规模，但是2007年中国国家石油储备中心正式成立，2011年已经达到30天使用量规模，并且计划在2021年尽快达到90天净进口量的国家石油储备。为了顺应国际能源形势的变化，中国于2016年正式成立上海石油天然气交易中心。在正式运营的四年多时间里，上海石油天然气交易中心不断完善能源价格形成机制，积极促进我国融入国际能源市场，不断深化中国与世界各国的能源合作，不断发展中国天然气期货市场，所以中国经济是可以抵御短期的原油供给短缺的。第三，随着企业的生产技术进步，中国国内的原油使用效率在逐年提高，中国的原油消费强度在逐年下降，2020年中国原油消费强度与1994年相比仅为其原油消费强度的1/5左右（见图8-4）。第四，随着世界能源去碳化趋势的发展，各国也开始着手开发清洁、无碳的新能源。当前，太阳能、风能、生物能、地热能等新能源的开发技术已经日渐成熟，单位新能源开发成本也在逐渐降低，加之储能技术不断进步，中国在面临短期的国际原油供给短缺时有了更多的能源选择，所以短期的原油供给冲击不会给中国经济带来实质性的影响。

2008年之前，OECD国家经济增长均较为平稳，而金融危机之后，OECD国家整体出现了明显幅度的经济衰退。中国的贸易伙伴以美国、日本、欧盟等发达国家为主，中国占据发达国家市场的商品以廉价商品为主。在OECD国家经济萎靡时期，一方面因为OECD国家在国际贸易中占据主导地位，会对中国出口的商品进行价格打压；另一方面也会因为国内实际消费需求的下降减少对中国商品的进口。所以经济低迷中的OECD国家国内实际需求的减少会负向影响中国出口贸易额的增加，导致点估计意义上的中国经济减速［见图8-3（b）中实线］。虽然近年来全球经济一体化导致发达国家经济发展状况与中国经济景气趋势的联动性越来越强，但是目前除了美国经济发展"一枝独秀"外，欧洲以及日本等大部分OECD国家的经济复苏进程缓慢，进口需求不旺，这就导致整体上中国的外需不振，没有起到外需拉动中国经济增长的作用。除此以外，从2018年7月开始，美国以中美贸易逆差过大为理由，对中国出口到美国的部分商品征加关税，此后不断扩大征收关税商品的种类，中美贸易摩擦不断升级。中美贸易总值在中国进出口贸易中占据比较大的份额，美国对中国商品征收关税的做法导致中国出口到美国的商品减少,所以外需对中国经济增长的拉动作用更加微弱。

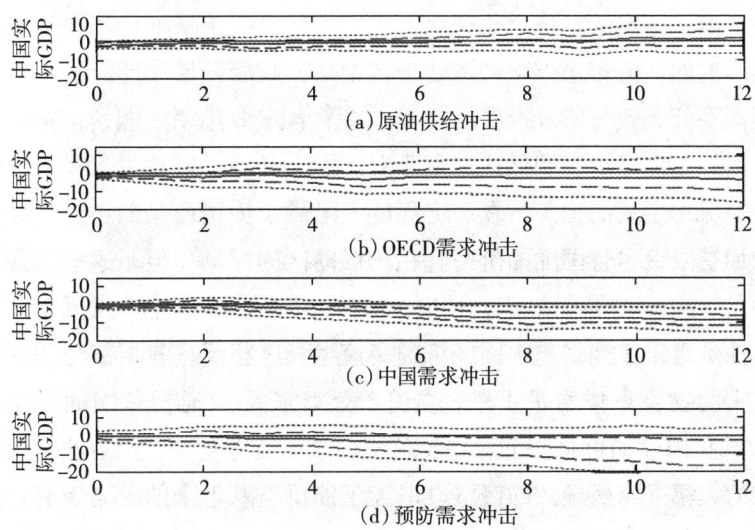

图 8-3 多样性油价波动因素对中国经济的差异效应

注：图中虚线表示一个和两个标准误差带。

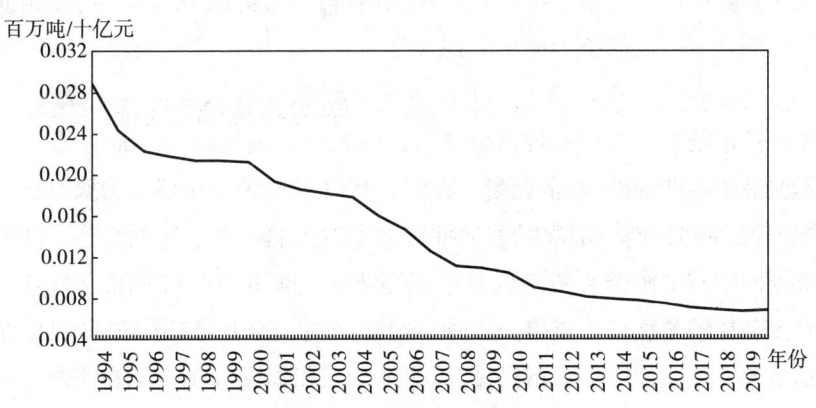

图 8-4 中国原油消费强度

资料来源：Wind 数据库。

作为本书的最重要发现,从图 8-3（c）中可以看出近年来中国经济的需求萎靡对经济增长产生了显著的负向作用。中国经济需求减少会导致企业投资步伐放缓、居民收入下降、总体消费水平降低，最终拖累经济增长。即使低油价环境有利于降低通货膨胀的压力、维持国内物价的整体稳定，但是，中国经济增长的主要驱动力——投资、消费与净出口等因素一旦减弱，由此造成的经济增长速度下滑幅度一定高于低油价环境带来的上升幅度。例如，近年来中国经济处于转型期，政府开始关注经济发展的质量，逐渐降低无效与低效投资的规模，去除各产业过剩产能，优化经济结构。而世界整体经济发展低迷，主要发达国家经济发展速度较慢，加之近年来贸易保护主义的抬头，在一定程度上阻碍了中国商品的出口，导致净出口增加受限，尽管国际油价一直在较低的区间浮动，但是这些投资、消费与净出口因素共同导致了近几年中国的经济一直处于中速发展水平。因此，低油价也未必能促进中国经济的高速增长。相反，我们甚至要关注低油价带来的物价整体水平下跌，防止经济增长陷入通货紧缩的陷阱。例如，2009年国际油价急剧下降并没有拉动全球经济复苏，因为此时全球经济需求的大幅下降所导致的经济衰退大于油价下跌带来的正向影响，最终导致全球性的经济衰退。

截至2020年，上海石油天然气交易中心已经正式运营四年，在此期间，其始终致力于提高中国在国际原油市场上的话语权与定价权，但目前中国在国际原油市场上仍没有获得相应的话语权与定价权。尽管目前中国已经形成具有一定影响力的INE原油期货价格，但是其影响力在国际原油市场上非常有限。在理论上，中国目前原油期货市场不发达、规模较小，国内原油市场主要采用现货价格交易，并且被动追随国际原油价格，所以国际原油市场的预防性需求波动从理论上讲对中国经济的发展影响不大。而图8-3（d）测算结果表明，预防性需求冲击发生6个季度之后对中国经济产生了负向影响。从国际贸易视角分析，预防性需求降低意味着国际货币流动性的紧缩，不仅限于原油，黄金、钢铁等其他国际大宗商品的价格也纷纷下跌，使全球各国经济普遍面临通货紧缩风险，各国居民收入都出现下降趋势，总体消费水平出现下跌情况，实际消费需求萎靡，从而各国都会减少从中国进口商品的数量，导致中国净出口额出现下跌，净出口拉动中国经济增长的作用减弱，最终致使中国经济增长速度出现下滑。

综上所述，中国经济对不同的油价波动因素呈现出异质性反应，甚至由经济需求下降所引发的油价下降会给中国经济增长带来负向影响。自

2014年下半年开始，国际油价急剧下跌，本来应该给全球经济的复苏带来推力，但是由于世界各国缺乏强劲的实际消费需求，即使在低油价的国际环境下，中国经济依然面临较大的下行风险。因此，国家决策部门不应该被低油价的国际环境所蒙蔽，除了继续增加中国的原油战略储备以外，还应该准确判断引起国际油价下跌的起因，洞察油价下跌后的全球经济走势，深入思考经济下行的压力。

8.3 结论与启示

本部分在构建复合计量模型的基础上，考察不同油价波动因素对中国经济增长的异质性影响。研究发现，2014—2020年低油价时期的中国需求和预防性需求均呈现出萎靡状态，二者均会负向影响中国经济的增长，而OECD国家需求和原油供给增加没有对中国经济增长产生明显的影响。实际上，国际原油价格早已成为世界经济的内生性指标，多样性的油价波动诱因是世界经济活力的真实反映。如今，原油主产区中东、北非、俄罗斯等地政局稳定，油价波动诱因更多地体现在世界经济景气与衰退的周期循环中。如果原油的实际消费需求增加，则此时的油价上涨代表着世界经济处于增长阶段，世界经济的景气势头会抵消油价上涨带来的不利影响；而油价下跌则有可能代表世界经济正处于需求萎靡的衰退阶段，低油价带来的原材料低成本环境未必能够拉动世界经济整体向好发展。

既然2008年年初147美元/桶的油价都未能阻止中国经济的景气步伐，而2015年31美元/桶的低油价同样也未能拉动中国经济的增长，据此我们可以将本书结论进一步引申：中国的经济周期演进过程不会因为国际油价的波动而发生改变，中国经济的深层次问题在于国内经济增长结构问题，而不在于外部刺激的强弱。

政策层面昭示我们应该根据不同的油价波动来源采取差异化的应对措施，中国应特别关注油价波动背后的全球经济走势。如果国际油价下跌发生在全球经济衰退背景下，此时应采取相应的措施防范低物价水平下的通货紧缩风险，与此相反，如果国际油价上涨是由实体经济好转所引发的需求增加引起，则此时的高油价也不会阻断经济整体的景气进程。在虚体经济层面，国际流动性泛滥之下应特别关注国际金融市场投机资金的动向，避免中国进口油价出现大起大落的情况。而在目前全球原油供给稳定甚至小幅增加的情形下，中国应注重原油进口产地的稳定与进口油品质的提升问题，同时中国还应该积极争取国际原油贸易谈判的主动权，积极融入国际原油市场，努力提高中国在国际原油市场上的话语权与定价权。

9 中国应对油价冲击的政策倾向

9.1 面对油价冲击——保增长还是稳物价

原油作为现代工业的血液,是经济发展、战略安全的必备物资。对于中国而言,近年来经济快速增长所带来的巨大原油消费使其早在2003年已经成为世界第二大原油消费国,并在2013年超越美国成为世界第一大原油进口国,原油对外依存度接近60%。虽然目前中国原油的进口与供给基本安全,但高企的原油对外依存度必然导致我国经济环境的变化,原油价格波动已经成为影响中国宏观经济甚至经济政策走向的重要因素。因此,原油价格波动除给物价水平等方面带来直接影响外,通胀压力触发的货币政策调整会进一步带来间接经济影响。

由宏观经济学可知,面对油价冲击带来的物价高升、经济增长放慢,决策者常常面临菲利普斯权衡:为保持经济增长实行宽松的货币政策或者为了稳定物价采取紧缩性货币政策都体现了当局不同的政策倾向。

常见的结构向量自回归模型脉冲响应函数只能观察油价波动引致的总体影响,无法区分直接影响与间接影响。为弥补该不足,本书设计出两种不同形式的结构向量自回归模型针对同一种经济关系进行描述,即将原油价格分别放置在模型的不同位置,形成名义外生变量与实际外生变量,在此基础上测度出总体影响与直接影响,从而得到间接影响。

9.2 计量模型

9.2.1 计量模型的设计

原油价格上升首先抬升原材料价格，对企业的生产带来直接影响，波及下游产业时会造成物价水平的整体上升。至于货币政策目标是为保障产出还是降低通胀水平，一国央行为此会采取不同的应对措施，而油价波动借助货币政策的传导会对经济造成间接影响。为区分这两种影响，本书针对同一种经济关系设计两个 SVAR 模型，通过油价这一变量在模型中的不同位置来测算其直接影响与间接影响。第一个 SVAR 模型形式如下：

$$A_0 Y_t = \Gamma + \sum_{i=1}^{s} A_i Y_{t-i} + u_t \tag{9-1}$$

式（9-1）中，Y_t 为五变量向量，包含原油价格、人民币兑美元汇率、物价水平、经济增长水平以及货币政策，u_t 是各变量对应的结构扰动向量，二者的具体形式如下：

$$Y_t = (brent_t \ ex_t \ cpi_t \ ip_t \ m_t)' \tag{9-2}$$

$$u_t = (u_{brent} \ u_{ex} \ u_{cpi} \ u_{ip} \ u_m)' \tag{9-3}$$

结构矩阵 A_0 代表 Y_t 中各变量的当期影响，其主对角线元素为 1。因为油价在 Y_t 之内，所以式（9-1）表述的油价波动带给各变量的影响实际上经过了模型中其余变量的传导，为总体影响。为了方便介绍本书的模型设计思想，列出矩阵 A_0 的具体形式：

$$A_0 = \begin{bmatrix} 1 & a_{12} & a_{13} & a_{14} & a_{15} \\ a_{21} & 1 & a_{23} & a_{24} & a_{25} \\ a_{31} & a_{32} & 1 & a_{34} & a_{35} \\ a_{41} & a_{42} & a_{43} & 1 & a_{45} \\ a_{51} & a_{52} & a_{53} & a_{54} & 1 \end{bmatrix} \tag{9-4}$$

需要注意的是，模型中五变量的排序依据实质上是估计该模型所必需的短期约束。我们依据各变量间的经济关系确定如下：第一，Du 等（2010）、王楠和张晓峒（2009）的研究分别发现中国经济因素与汇率因素对国际油价无显著影响,所以原油价格为外生变量,其冲击来源于模型的外部变量;第二,汇率代表两国货币价值量的比值,虽然原油作为重要的国际贸易商品,其价格会引起人民币兑美元汇率的波动,但是中国国内经济因素,如 CPI、工业增加值与货币供给量当月不会对汇率产生显著影响;第三,由于价格黏性的存在,工业增加值与货币供给的变化不会影响当期环比 CPI 增速;第四,经济增长水平一般决定于劳动、资本以及技术水平,与企业的生产能力密切相关,当月的货币供给量自然排除在影响产出的因素之外。因此,变量次序为原油价格、人民币兑美元汇率、物价水平、经济增长水平以及货币政策。施加短期约束后的矩阵 A_0 为:

$$A_0 = \begin{bmatrix} 1 & 0 & 0 & 0 & 0 \\ a_{21} & 1 & 0 & 0 & 0 \\ a_{31} & a_{32} & 1 & 0 & 0 \\ a_{41} & a_{42} & a_{43} & 1 & 0 \\ a_{51} & a_{52} & a_{53} & a_{54} & 1 \end{bmatrix} \tag{9-5}$$

由于向量 Y_t 中原油价格排在所有变量的首位,加之矩阵 A_0 的下三角形结构,我们可知油价不受模型中其余变量的影响,实质上为外生变量。据此,可将原油价格从 Y_t 中分离,单独放在方程式的右端作为一个独立的外生变量。第二个 SVAR 模型具体形式为:

$$E_0 B_t = \Lambda + \sum_{i=1}^{s} E_i B_{t-i} + F_0 brent_t + \varepsilon_t \tag{9-6}$$

其中,B_t 为四变量向量,包含人民币兑美元汇率、物价水平、经济增长水平以及货币政策。由于油价在方程式的右端,此时为形式上的外生变量。至此,式(9-1)与式(9-6)针对同一种经济关系,将原油价格表达成实质上的外生变量与形式上的外生变量。由式(9-6)可知,矩阵 F_0 代表了油价波动对向量中各变量的直接影响。虽然油价的间接影响不易直接观察,但是我们可以由式(9-1)中求得的总体影响减去直接影响得到间接影响。

9.2.2 变量选择与处理

为分析原油价格波动对中国经济的直接影响与间接影响,本章选定样本区间为1997年1月至2014年3月，选取的核心研究变量为原油价格、人民币兑美元汇率、国内物价水平、经济增长水平以及货币供给量。由于中国主要的原油进口源为中东、北非地区，原油价格采用这些地区通用的BRENT原油现货价格。国内物价水平采用国家统计局每月公布的CPI指数。为更细致地捕捉中国经济增长水平，按照惯例，采用每月的工业增加值数据代表中国的经济增长。由于耿中元和惠晓峰（2009）研究发现M1比M2更具有可控性，所以本书选取M1作为货币政策的中介指标。除油价的数据来自EIA（美国能源信息署）的官方网站以外，其余数据均来自CEIC数据库。

因为SVAR模型要求各变量为平稳的时间序列，有必要对原始数据进行数据处理。首先，各变量均为月度数据，表现出较强的季节性，所以对各变量进行季节调整。其次，因为各变量的时间趋势明显，对各变量取对数后进行单位根检验，仍然不平稳时再进行一阶差分。单位根检验结果列于表9－1中，所有变量经过取对数、一阶差分后均为平稳时间序列。

表9－1　数据的单位根检验

变量	ADF统计量	临界值（5%）	P值
lbrent	－0.638741	－2.875398	0.8579
lex	0.036257	－2.875538	0.9599
lcpi	1.854484	－2.875538	0.9998
lip	0.813907	－2.875468	0.9941
lm	－0.921816	－2.875680	0.7798
dlbrent	－12.37855	－2.875468	0.0000
dlex	－4.433061	－2.875538	0.0004
dlcpi	－6.963773	－2.875538	0.0000
dlip	－23.93502	－2.875468	0.0000
dlm	－4.482699	－2.875680	0.0003

注：变量前l表示对原始变量水平值取对数处理，d表示一阶差分处理。

9.3　油价波动对经济的直接影响与间接影响

我们计算出油价波动对中国经济的总体影响、直接影响与间接影响，如图9－1所示。各子图中实线表示总体影响，虚线表示直接影响，点化线表示间接影响。

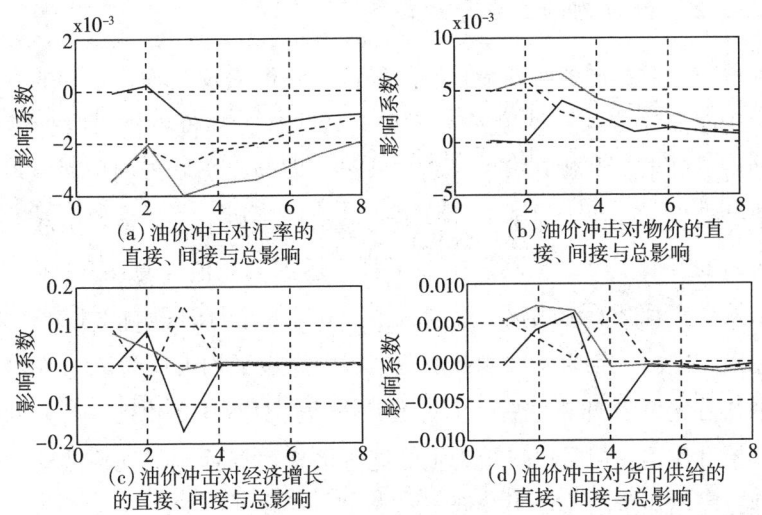

图9-1 油价波动对经济的直接影响与间接影响

9.3.1 油价对汇率的影响

油价上升对汇率的直接影响、间接影响与总体影响均表现为人民币兑美元升值［见图9-1（a）］。直接影响反应较为迅速，在油价波动发生后一个月即升值0.34%，随后升值幅度逐渐减弱，而间接影响经过货币当局对货币发行量的控制在3个月之后才表现为小幅度升值，5个月后达到0.13%的最大幅度。关于油价对汇率的间接影响，参见图9-1（b）、图9-1（c）中的直接影响曲线，我们发现由于油价上升之后中国经济呈现出景气的势头，虽然发达国家在油价波动中物价水平上涨明显[①]，但是中国受到的影响较为微弱，所以凭借廉价劳动力，中国的商品出口反而获得了优势，促进了中国经济的增长，使得人民币在国际收支市场上的需求增加，导致其小幅升值。

由于油价波动的直接影响与间接影响均对汇率产生了提升作用，总体影响表现为人民币兑美元升值。实际上，油价波动中的美元贬值以及中国经济增长的独特结构共同造成了该现象的发生。

---

① Kilian(2008)发现发达国家以原油为主的能源消费结构，决定了其物价水平对油价非常敏感。

9.3.2 油价对物价水平的影响

油价波动对各国各时期最直接的经济影响即表现为物价水平的整体上升。由于原油的特殊属性以及不可完全替代性，其价格需求弹性系数很小，油价上升不会导致其需求量明显减少。原油作为基本的生产原料，其价格上升引发企业成本显著上升，工业品出厂价格上升，最终引起下游消费品价格的普遍上升，在其发生2个月后达到最大值[见图9-1（b）]，并且从第3个月开始影响幅度逐渐减小，到第8个月时影响几乎衰减为零。究其原因，中国近年来一次能源消费结构中煤炭平均占比为70%左右，而原油平均占比仅为18%左右。油价上升虽然会对石油、化工等行业的生产成本有抬升作用，但是以煤炭为主的能源消费格局抑制了油价波动的影响力，导致国内通货膨胀压力较低。

值得注意的是，油价波动的间接影响扩大了物价的上涨水平。图9-1（d）显示油价波动直接引起货币增发，物价水平在货币连续增发3个月的情况下进一步高涨。根源在于油价上升带来人民币升值，引致中国总体出口放缓的压力，所以货币当局为缓解该压力而采取宽松的货币政策。虽然货币增发持续3个月[见图9-1（d）虚线]，但是经过2个月的滞后效应才传递到物价层面，在第3～5个月才对物价水平产生了影响[见图9-1（b）点化线]。

与汇率的情形相类似，油价波动总体上抬升了物价，但是总体作用仅表现在其发生后3个月。中国经济的结构特点吸纳了油价波动触发的通货膨胀压力，所以货币当局并没有以稳定物价作为其目标。相反，油价波动附带的货币增发进一步诱发了物价水平的整体上升，但其作用时间仅仅维持在3个月左右，随后逐步减弱消失。

9.3.3 油价对经济增长的影响

与发达国家不同，油价上涨并未拉低中国经济增长的增速[见图9-1（c）]。该结论与张大永和曹红（2014）、陈学胜和张建波（2013）、林伯强和牟敦国（2008）等的研究结论相一致。具体观察来看，虽然油价波动总体上促进了中国经济的增长，但是其直接影响与间接影响过程完全不同。

油价波动对中国经济增长的直接影响表现为1个月后立即产生作用，3个月后达到最大值。此现象可由以下两点理由进行解释：第一，林伯强和牟敦国（2008）认为，我国目前处于工业化与城镇化进程中，以煤炭为主的能源消费结构、以投资拉动的经济增长方式有很大的惯性存在，即使油价上升，也不会阻断该惯性；第二，本书认为我国目前经济增长的结构也是主要因素之一。出口一直是我国经济增长的"三驾马车"之一，国内较小的通货膨胀压力导致我国工业品出口的大量增加，最终稳定并保持了经济增长。

而油价波动对中国经济增长的间接影响表现为第2个月小幅拉升作用与第3个月较强的拉低作用。结合图9-1（a）、图9-1（b）的结论，我们发现在油价发生后的第3个月，人民币升值幅度达到最大，国内商品价格最高，此时造成中国商品的出口压力最大，也引起了中国经济的短暂衰退。

虽然油价波动的直接作用与间接作用方向相反，但是其总体作用却使中国经济实现了稳定的增长。由于其间接作用主要受汇率与物价水平的影响，根源在于货币当局的措施得当，面对油价上升带来的各种冲击，中央银行为保障我国经济平稳增长做出了适时的政策调整。

9.3.4 油价对货币供给的影响

油价波动发生后，发达国家经常会出现经济短暂衰退、物价高涨的滞胀局面，使其央行的货币政策陷入保增长与抑物价的两难境地。与发达国家不同，中国经济增长未在油价上涨中衰退，所以中国对油价波动所采取的直接措施是货币增发。由于油价上升伴随着美元的人为贬值，人民币被动升值，我国央行连续5个月果断地在国际市场上增加人民币的投放量，以维持人民币币值的稳定［见图9-1（d）］。

考察油价波动所触发的货币政策调整。首先，随着油价上升，人民币兑美元升值为我国进口原油节省了大量美元，但节省的部分不足以抵消人民币升值带来的出口减少，所以央行在前3个月依然会增加货币供给量，减小我国的出口压力；其次，国内物价持续上涨，并在油价波动发生后第3个月达到顶峰，此时保障经济稳定增长的目标已经实现，所以央行会在第4个月削减货币发行量，以平抑物价。

总体来看，油价上升后，央行为了维持人民币币值稳定、出口贸易正常、经济增长平稳以及物价的大体稳定，会相机抉择，不断微调，实现了多阶段的政策目标。

9.4 结论与启示

计算结果显示，国际油价上升的直接影响与间接影响均对人民币兑美元汇率、国内物价水平产生了抬升作用，并且总体效应保证了中国经济增长的平稳性，避免了经济增速大起大落现象的发生。进一步发现，虽然一国货币政策通常面临保增长与抑通胀的两难境地，但中国的选择是重在保经济增长，而将抑制通货膨胀水平作为次要目标。

虽然近年来油价波动日益频繁，但对发达国家经济各层面的影响幅度已显著减小。而本书发现油价波动也未阻断中国经济的增长态势。通过对SVAR模型的设计，本书将油价波动的总体影响细分为直接影响与间接影响，发现油价上升的直接影响与间接影响均对汇率、物价水平产生了同向的抬升作用。对于中国的经济增长，其直接影响与间接影响共同作用保证了增长的平稳性，避免了增速大起大落现象的发生。而货币政策根据其不同的政策目标，在不同时期均做出了相应的调整，保障了我国经济的稳定发展。

结合我国经济现实，本书得到的启示在于：第一，虽然油价上涨未能降低中国经济增速，但是中国的经济增长更多地依赖于宽松性货币政策所驱动。另外，发达国家近年来一直要求人民币升值，如果继续维持依靠出口拉动经济增长的传统方式势必会带来更多的货币发行，导致通货膨胀，内需会进一步萎缩，进入依靠增加出口的恶性循环。因此，逐步调整经济结构、改变经济增长方式，已经是当下的紧迫任务。第二，央行近年来一直将保增长作为首要目标，将抑物价作为次要目标，致使目前的物价水平偏高。而通货膨胀实质上是一种货币税，通货膨胀率越高相当于向消费者征收的税负越高，不利于社会全体成员享受到经济发展的成果，间接拉大了社会的贫富差距。因此，设置合理的货币政策目标、将及时稳定物价水平放在重要的目标位置、及时微调货币政策，才是保证我国经济增长又快又好发展的重要途径。第三，中国经济的原油对外依存度逐年上升，2014年已经接近60%，虽然油价波动的经济影响减弱，但是原油供给安全应引起足够的重视。我国的原油进口源主要集中在不安定的国家与地区，供给稳定的地区多被发达国家所占据。因此，开拓原油进口渠道，对民营企业放开原油进口权，鼓励社会资本进入采油、炼油行业，才可以保证原油安全。在"一带一路"倡议背景下，凭借哈萨克斯坦等中亚国家丰富的原油资源，借助中国与该地区良好的合作基础，依托双方的天然地理优势，构建中国—中亚能源战略合作关系，在原油供给的多元化以及运输安全方面均可降低我国原油安全的脆弱度。

10 油价冲击与日本的经济增长结构

由于原油资源的自然分布不均衡,许多国家境内几乎没有油田。日本作为世界上第三大经济体,原油资源非常贫乏,国内所需原油的99%需要进口。因此,日本作为典型的原油进口国,经济增长对于海外原油的依赖程度非常高,也在第一次石油危机中受到了严重打击。进入21世纪之后,日本经济增长虽然仍旧依赖大量原油消耗,但是历次大涨大跌的油价波动并未给日本经济增长带来以往的严重影响。为什么日本经济可以抵御国际油价的冲击?为了寻找答案,本章从经济增长结构的视角进行分析。

10.1 日本经济的抗油价冲击表现与先行研究

日本原油资源匮乏,其在进口原油的同时也承受了国际油价波动的压力,使得日本国内经济被动遭受其涨跌变化。20世纪70年代的两次石油危机给日本经济造成了物价飞升、失业率增加以及产出严重下降等不良影响。虽然2003年后国际原油价格的波动更为剧烈,但是其经济效应却大为减弱,日本经济为什么会呈现出如此反常的现象?本章以经济增长结构为切入点,尝试解释日本经济能够抵御油价冲击的原因。具体采用从宏观到中观再到微观的三层次递进分析框架,运用结构向量自回归模型中脉冲响应函数确认油价上涨对各层次经济部门的冲击效应,从而找出给日本经济带来反常效应这一宏观现象背后的中观证据和微观基础。在国际油价波动频繁剧烈、中国原油对外依存程度年年走高的现实背景下,借鉴日本成功抵御油价波动的经验,对于中国目前面临的经济增长结构调整具有重要意义。

理论上,原油作为现代工业中不可或缺的生产资料,其价格震荡会对原油净进口国的经济带来显著影响。其传导机理在于：由于其他能源在物理、化学特性上无法完全替代原油，在原油价格需求弹性较小的情况下，油价上涨会导致企业生产成本上升，成品油以及相应化工产品价格也会上升。当价格效应进一步传导至下游产品时，会引起整个社会物价水平的上升。物价上升会导致企业利润下降，工人实际工资降低，失业率高升，最终后果是总产出下降，总供给曲线左移。至于其对总需求的影响，首先，对于居民而言，物价水平上升，消费者持有的货币贬值，其实际购买力下降，消费支出水平降低，商品需求量降低；其次，中央银行为防止物价水平过快上升，往往会提高利率，但此举会抑制企业投资，降低固定资本投资水平，最终引起总需求的减少。例如，1973年、1979年的两次石油危机均给日本等发达国家带来了严重的经济影响，造成经济发展史上罕见的滞胀现象。

实证研究中发现，1985年之前日本作为原油进口国呈现出典型的油价冲击效应，验证了此前的理论分析：油价上涨推高企业生产资料价格，使其企业利润降低，抑制其投资意愿，最终导致总产出下降[1]。进入21世纪，国际原油市场结构巨变，而此时的油价冲击却未对日本经济产生严重影响[2]。不仅于此，Blanchard和Galí（2008）以G7集团国为研究对象，发现1985年之后日本的GDP在油价上涨中反而出现了小幅增加的不寻常现象[3]。

为解释原油价格上涨对原油净进口国经济影响弱化甚至反转背后的原因，现有文献基本上从以下两种视角进行了深入研究：

第一，油价冲击的时变性效应。Blanchard和Galí（2008）的研究认为，相比20世纪80年代的宏观经济特征而言，最近20年发达经济体的技术进步提高了能源的使用效率，日本甚至降低了原油的总使用量，各国的劳动力市场结构更具弹性，使摩擦性失业水平明显降低；货币政策调整的及时，减轻了物价上涨的压力，由供给短缺所造成的油价上涨次数越来越

---

[1] ［日］藤川清史,下田充,渡邉隆俊. 输入原油价格的国内波及の日米比较. 2007 日本国际经济学会第66回全国大会的报告论文.

[2] R. Jimenez–Rodriguez and M. Sanchez. Oil price shocks and real GDP growth：Empirical evidence for some OECD countries[J]. Applied Economics,2005,37(2):201–228.

[3] O. J Blanchard and J. Galí. The macroeconomic effects of oil price shocks：Why are the 2000s so different from the 1970s? [R]. NBER Working Papers 13368, 2008.

少，在这几个因素共同作用下，油价冲击效应明显减弱。可见，宏观经济特征的改变为原油净进口国的油价冲击效应减弱现象提供了一个合理的解释，却不能阐释日本经济反常的正向效应，只有至少某一宏观经济因素发生反转时，才可以对其进行合理的解释。

第二，油价冲击的异质性效应。本书第 8 章发现油价波动的不同起因会带来不同的经济影响：如果油价上涨是由供给不足引起，则会导致炼油厂设备闲置、工人开工不足，最终造成总产出下降；如果油价上涨是由经济增长带动原油需求增加所引起，则此时经济正处于繁荣时期，此时的油价上涨带来的负效应不足以抵消经济向好的整体趋势，该国经济仍能保持稳定增长。但是此观点依然无法解释日本经济区别于其他发达经济体的油价效应问题。

虽然诸多文献已经发现了日本经济对于油价冲击的异常响应，但是目前各种计量模型的研究对象仅仅拘泥于物价、失业率、财政政策、货币政策以及产出、投资等常规的宏观经济变量，未能深入到日本经济的内部结构，也未能考察油价冲击效应的内在机理。鉴于此，本章将研究深入到日本国民经济的不同部门，直至产品层面，以此来辨别油价冲击是否会造成部门间的异质性效应，通过经济增长结构，即各部门占比大小的变迁来说明其抗油价冲击的能力，寻找日本经济存在的中观证据与微观基础。

10.2 研究方法的设计

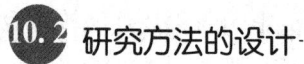

10.2.1 经济增长结构的定义

经济增长结构的含义非常宽泛，通常可以从一国的产业结构、城乡结构、消费结构、投资结构以及所有制结构等层面进行考察。虽然在国民经济核算中常采用第一产业、第二产业以及第三产业的分类法，但是此方法仅关注一国经济的构成内容，并不关心经济的增长来源。从国民收入核算的支出法来看，一国的 GDP 是投资、消费、净出口这三种最终需求的总和，而消费又包括居民消费和政府消费，所以经济学上通常把投资、消费、净出口比喻为拉动一国经济增长的"三驾马车"，这是对经济增长过程最为生动形象的表述。所以本书所分析的经济增长结构，主要是指国民收入核算支出法中五个部门占 GDP 的比重大小，用经济学公式表示是 $Y = C + I + G + EX - IM$。例如，新兴市场国家的经济增长中投资部门的拉动作用较大，而发达国家则主要依靠消费部门。

本章的一个基本观点是经济结构中不同的部门对油价冲击的响应方向不同，所以一国经济增长结构的不同表现为该国对油价冲击抵御能力的不同。具体机制解释如下：油价上涨带来社会物价水平的整体上涨，从而抑制居民消费支出。如果消费部门占 GDP 的比重很大，低水平支出会压低经济增长。而企业作为投资主体首先会判断油价上涨持续时间的长短：如果预料油价会持续高企，则会提前进行投资，以节约建设厂房、购买设备的成本；如果预期油价上涨仅是暂时的，则会等待油价下落后再投资。可见，这两种不同的投资方式带来的经济增长结果也不相同。除此之外，企业为了长远发展，还会努力提高创新与技术水平，提高能源综合使用效率，降低油价波动对产品成本的影响，使其产品价格在国内外的贸易竞争中占有优势。因此，不同的经济增长结构意味着不同的经济增长方式、不同的油价抵御能力。

10.2.2 分析框架

根据上面的分析思路，本章采用逐步深入的三层次递进分析框架，即具体考察日本经济的宏观整体、中观行业、微观产品三个由大到小的层面，最终总结出其抵御油价波动的内在结构特点。第一层次，通过结构向量自回归模型的脉冲响应函数测算油价波动对日本 GDP 的总影响。第二层次，根据国民经济收入核算支出法公式，一国经济增长可由消费、投资、政府支出、出口与进口五个部门来拉动。如果每个部门对油价波动呈现出有正有负的不同反应，则各部门的 GDP 占比与各部门的油价冲击效应相乘，五项加和即为日本 GDP 的总体表现。第三层次，重点寻找上一层次正效应部门中的特色行业，继续考察该行业对油价冲击的响应，直至探寻到正相应的行业或者产品。如果某一行业的产品在油价上涨后生产、销售有所增加，则说明日本经济抵御油价冲击具有微观基础。三层次递进分析框架如图 10 - 1 所示。

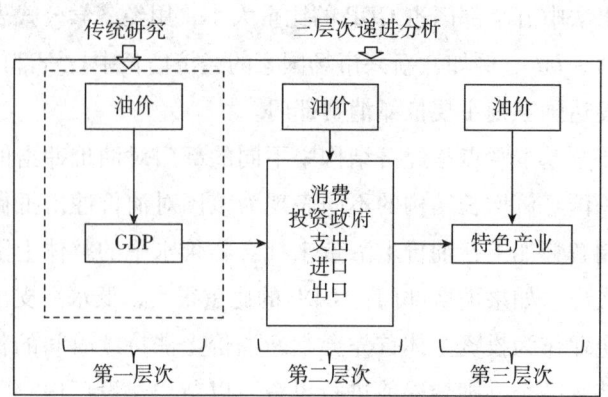

图 10-1 三层次递进分析框架

10.2.3 模型构建

研究一个变量的波动对另一个变量的短期与长期影响,实证研究中多采用 1980 年 Sims 提出的向量自回归模型脉冲响应函数进行测算。但是该模型没有考虑经济变量之间的当期作用关系,且脉冲响应函数不能区分每一冲击的单独效应[1]。为打破这些约束,Blanchard 和 Quah 提出了向量自回归模型的结构形式[2]。新模型相较原模型最大的特点是按照变量间的当期经济关系排序,然后再施加约束条件,便可以剥离各结构冲击对某一变量的单独影响。此模型不但大幅减少了估计参数的个数,而且节省了自由度。

本章虽然模型较多,但是因为形式统一,所以代表模型定义如下:

$$A_0 Y_t = B_0 + \sum_{i=1}^{s} B_i Y_{t-i} + u_t \qquad (10-1)$$

其中,A_0 代表结构矩阵,式(10-1)的具体形式如下:

$$\begin{bmatrix} 1 & a_{12} \\ a_{21} & 1 \end{bmatrix} \begin{bmatrix} y_{1,t} \\ y_{2,t} \end{bmatrix} = \begin{bmatrix} b_1 \\ b_2 \end{bmatrix} + \sum_{i=1}^{s} \begin{bmatrix} b_{1,i} \\ b_{2,i} \end{bmatrix} \begin{bmatrix} y_{1,t-i} \\ y_{2,t-i} \end{bmatrix} + \begin{bmatrix} u_{1,t} \\ u_{2,t} \end{bmatrix} \qquad (10-2)$$

为了剔除油价之外其他经济变量对目标变量的间接影响,假设三层次

---

[1] C. A Sims. Macroeconomics and reality[J]. Econometrica, 1980, 48(1): 1-18.
[2] O. J Blanchard and D. Quah. The dynamic effects of aggregate demand and supply disturbances [J]. American Economic Review, 1989, 79(4): 655-673.

各模型中的 Y_t 均为两变量列向量，且第一个变量为油价 oil_t，第二个变量依次对应本书三层次分析框架的第一层次 gdp_t，第二层次 con_t、inv_t、gov_t、$export_t$ 与 $import_t$，分别代表国民经济中的消费、投资、政府支出、出口与进口，第三层次 $exportation_t$、$production_t$，分别代表日本汽车的出口与生产。B_0 代表截距列向量。u_t 代表结构扰动列向量，其方差—协方差矩阵非奇异。s 为模型的有效观察期长度，由 AIC、SC 准则确定。将上述模型先转化成简化向量自回归模型，继而整理成无穷阶向量移动平均模型，然后将某一变量对油价结构的冲击求偏导，即可获得各变量对油价冲击的响应。

10.2.4 样本数据的处理

考虑到数据的可得性，本章数据均为季度频率数据。关于样本区间的选择，为了比较第一次、第二次石油危机与其后油价波动对日本经济的差异影响，确定分析时间为 1973 年第一季度至 2017 年第四季度。由于 1985 年《广场协议》的签署致使日元兑美元汇率发生巨大变化，同时为方便与 Blanchard 和 Galí（2008）的研究相比较，并且为保证子样本时间序列的平稳性，本书选择 1985 年第四季度（简写为 1985Q4）与 2009Q4 为结构变换点，将整个样本分成 1973Q1—1985Q4、1986Q1—2009Q4、2010Q1—2017Q4 三个子区间进行分析①。

本章关于日本经济情境下原油实际价格的界定。原油对日本经济产生影响的物理途径是，其从海外运输到日本境内，在炼油厂经加工后转化为成品油以及各种化学制品，再进入社会商品流通领域。而经济途径是从美元的油价转化为日元的油价。可见，美元兑日元汇率在经济途径的传导中发挥着重要作用。所以本书先将以美元定价的 WTI 油价乘以美元兑日元汇率，再除以日本同期 CPI，即可得到适用于日本经济的实际原油价格。所以本书结构向量自回归模型在形式上虽为两变量模型，实际上包含四个重要的经济变量。模型进行如此设计的优点在于，形式上既排除了无关变量

---

① 根据日本内阁府公布的数据，采用 68SNA 体系统计的实际 GDP 等数值以 1990 年为基准年，统计（包括回溯以及推算）的时间范围为 1955 年第一季度至 2010 年第一季度。鉴于数据的可得性，本书采用 68SNA 体系 1973 年第一季度至 2009 年第四季度为前两个子样本区间，93SNA 方式的 2010 年第一季度至 2017 年第四季度为第三个子样本区间。

对目标变量的间接影响,内容上又没有遗漏重要的核心变量。

为满足结构向量自回归模型对数据的平稳性要求,均对原始数据取对数后一阶差分。根据 ADF 单位根检验结果,如表 10-1 所示均为平稳时间序列,满足建模要求。

表 10-1 数据的单位根检验

变量	ADF 检验		
	1985 年前	1986—2010 年	2010 年后
oil	-5.326***	-8.497***	-6.095***
gdp	-7.232**	-8.057***	-5.962***
con	-9.284**	-3.327***	-7.953***
inv	-3.295**	-4.443***	-4.525***
gov	-6.560***	-11.536***	-8.286***
export	-5.333***	-6.906***	-7.905***
import	-5.378***	-7.360***	-6.624***
exportation	—	-9.197***	-4.821***
production	—	-5.245***	

注:**和***分别表示5%和1%的显著性水平。

本书采用的 WTI 原油价格来自 EIA 官方网站。日本 GDP、美元兑日元汇率以及国民经济核算支出法五部门等数据分别摘自日本内阁府、经济产业省的统计数据。日本的汽车生产与出口季度数据则来自日本汽车制造商协会(Japan Automobile Manufacturers Association,JAMA)官方网站[①]。

10.2.5 约束条件

由于本书采用两变量 SVAR 模型,只需要 1 个约束条件。1985 年之前,国际油价主要由 OPEC 等原油市场的供给方决定,而 1985 年之后,原油期货市场主导现货市场,并且期货价格主要由纽约商品交易所的原油期货市场所决定。可见,日本在整个样本期间内均未有效参与国际油价的定

---

① 受制于数据的可得性,为与宏观经济数据的样本区间相匹配,汽车生产数据样本区间为 1994 年第一季度至 2017 年第四季度。汽车出口数据样本区间分别为 1986 年第一季度至 2009 年第一季度、2010 年第二季度至 2017 年第四季度。汽车种类均为乘用车。网址:http://jamaserv.jama.or.jp/newdb/eng/index.html。

制过程，加之近年日本的原油进口量稳中有降，未能形成对国际原油市场的有力冲击，所以日本经济未能影响到国际油价，即 $a_{12} = 0$。

10.3 日本经济为什么可以抵抗油价冲击

在近40年国际油价持续震荡的背景下，本书将1973—2017年划分为三个子样本区间，分别用左、中、右三幅子图对应一个样本区间，表达每一个变量的响应状况，并依照三层次递进分析框架的顺序来呈现模型的计算结果。

图10-2显示了本书第一层次的分析结果，日本GDP在不同时期对油价呈现出不同的响应状态[①]。

10.3.1 第一层次：日本各时期GDP对油价冲击的整体表现

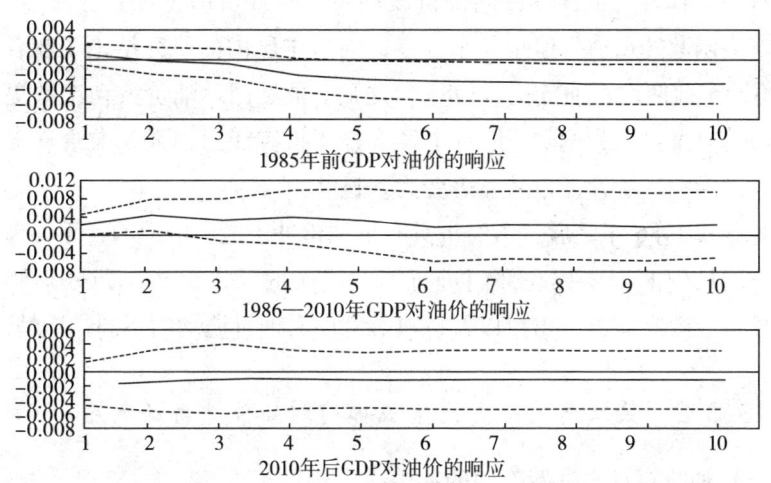

图10-2 日本各时期GDP对油价冲击的响应

在第一样本区间内，油价上升两个季度之后对日本经济产生了持续的、大幅的负影响。1973年10月第四次中东战争爆发，随即OPEC宣布对发达国家实行原油禁运，造成世界原油供给的普遍短缺。而1978年年底

---

① 图中虚线表示正负两倍标准差偏离带。如果虚线在横轴上下方对称，则表明整体结果不显著。两条虚线均在横轴一侧时才是显著的结果。

的"两伊战争"造成油井的大量破坏,世界原油供给明显减少,给日本带来严重的经济影响,突出表现为总产出下降、工人失业率高升、汽车排队加油等现象。此时,日本经济与典型原油进口国的油价冲击反应相一致,油价上涨两个季度之后即表现为经济减速,直至第九个季度左右才停止恶化。

但是,在第二样本区间内,即使国际油价在2008年曾达到了147美元/桶的最高价位,日本的实际GDP增速在油价上升后前两个季度依然为正,而后在95%的置信水平下再未受到显著影响。至此,本书在这一历史时期验证了Blanchard和Galí(2008)的发现,证实日本经济在1986—2010年确实产生了抗油价冲击能力。

在第三样本区间内,日本GDP则未明显受到油价冲击的影响。2011年3月11日,东日本大地震对日本的经济社会带来了严重影响,而2014年下半年开始的国际油价暴跌同样成为全球经济的重大事件,该时期最显著的特点是较第二子样本区间油价波动对日本经济的整体效应更为微弱,冲击响应函数的点估计值也几乎为零,与日本国内的研究结论相吻合。可见,不同于前两次石油危机,1985年之后,虽然国际油价波动次数更为频繁,波动幅度也更为剧烈,但日本经济整体抵御能力增强,未给日本GDP带来巨大影响,统计上也从显著变为不显著。

为寻找1986年之后日本经济具有抗油价冲击能力的原因,下面考察一国经济增长中的重要拉动部门进行第二层次的深入分析,即分别测算消费、投资、政府支出、出口以及进口等部门对油价波动的不同响应情况。

10.3.2 第二层次:支出法五部门对油价冲击的响应

(1) 油价对日本消费部门的冲击

图10-3显示出日本消费部门在三个样本区间内对油价的波动表现出不同的反应状态。在第一样本区间内,日本的消费水平在油价上涨后的第五个季度呈现出显著的下降趋势,而点估计值则始终表现为负。因为此时期日本GDP受到油价上涨的负向影响,油价上升通常导致社会物价水平的整体上升,经济增速放缓,失业率增加,居民收入降低,所以消费水平下降。而在第二样本区间内,居民消费水平整体未受到油价波动的显著影响,点估计值也不再仅表现为负值。在此时期油价上升短暂促进日本经济

增长的背景下,居民收入在前两个季度也表现为增加支出,而后又逐渐不显著。在第三样本区间,日本的居民消费水平表现则不受油价波动的影响,即使2014年后国际油价持续下跌。由于遭受2008年国际金融危机的影响,至今日本经济振兴缓慢,即使在宽松的货币政策环境下依然难见起色。①为加快经济振兴进程,也为了摆脱2014年后油价持续下跌可能引发的通货紧缩风险,日本在2016年2月推出负利率政策,同时也推迟了消费税率的进一步提高,期望以此来释放流动性刺激居民消费。

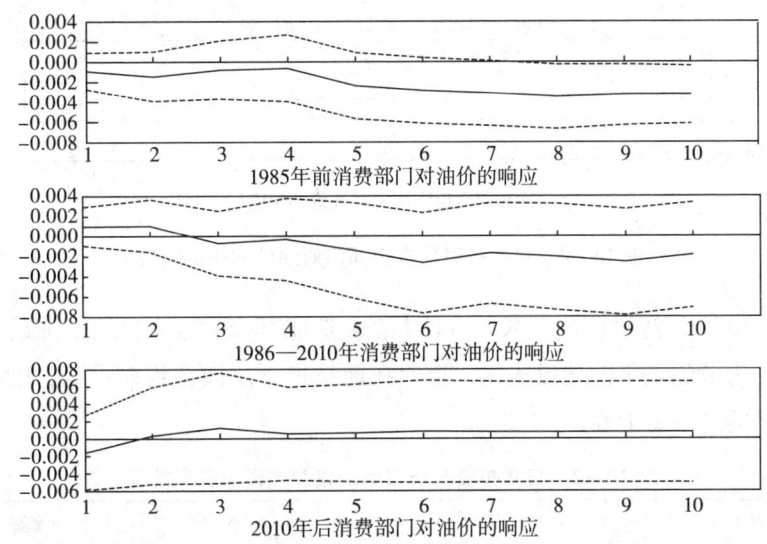

图10-3 日本消费部门在各时期对油价冲击的响应

(2) 油价对日本投资部门的冲击

与消费部门的表现不同,日本投资部门的油价冲击响应在第一、第二子样本区间表现出了完全相反、由负向正的转变过程(见图10-4)。在第一子样本区间,禁运、战争等原因造成的原油供给短缺引起的油价上涨导致原材料价格上涨,经济增速下降,企业利润减少,多变的油价走势进一步抑制了企业的投资意愿,减少了企业的扩大再生产规模。而在第二子样本区间,国际原油市场剧变,原油的商品属性渐弱,金融属性渐强,受到投机基金、发达国家流动性泛滥等因素的多重影响,加之国际油价在

---

① 例如安倍的"三支箭"策略。即第一支箭:量化宽松的货币政策;第二支箭:刺激性财政政策;第三支箭:结构性改革。但目前来看效果不明显。

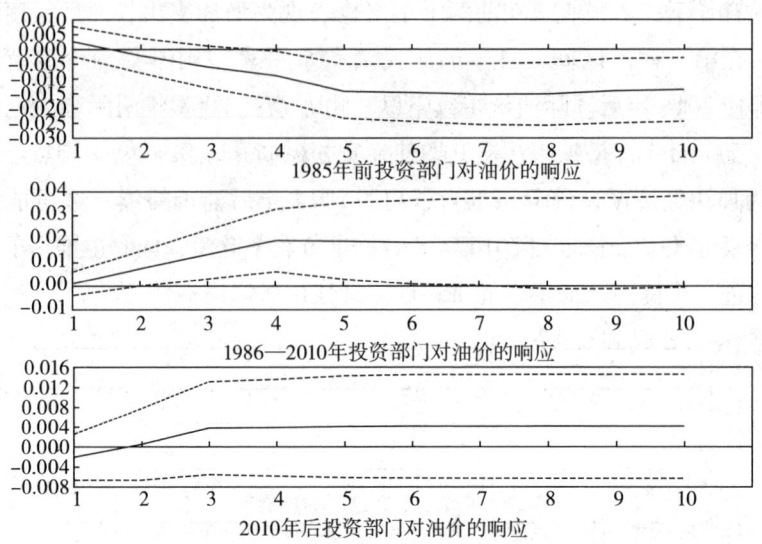

图 10-4 日本各时期投资部门对油价冲击的响应

2003—2008 年持续快速上涨，给日本企业造成其今后也会持续上涨的强烈预期。为节约未来的建设成本，企业在此情形下反而会提前投资，以防物价水平的进一步上涨。

表 10-2 日本投资与出口间的格兰杰因果关系检验

时期	原假设	F-统计量	P 值
1973—1985 年	出口不是投资的格兰杰原因	3.8392	0.0291
	投资不是出口的格兰杰原因	0.6039	0.5512
1986—2009 年	出口不是投资的格兰杰原因	3.2283	0.0443
	投资不是出口的格兰杰原因	6.3379	0.0027

除上述经济学理论的直观解释之外，本章通过表 10-2 测算出 1986 年前后两个子样本区间内的日本投资总额与日本出口总额的格兰杰因果关系。计算发现 1986 年之前日本出口的变化引起了投资的变化，但是投资未能引起出口的变化。而 1986 年之后，二者在时间关系上较为协同，表现出较强的同步变化现象，此时二者关系已经成为互为因果的关系。说明此时除去传统的出口增加拉动企业投资外，企业投资更加看重外需的作用，积极地将资本投向畅销的出口商品行业，客观上拉动了日本出口的增加。

在第三子样本期间，日本企业投资基本上不再受油价波动的影响。实际上，2010年后国际油价平稳，并在2014年后急剧下跌，低油价环境虽然有利于日本企业利润的增加，但是随着日本人口减少等需求减少不利因素的作用，企业并未显示出明显的投资增加。

（3）油价对日本政府支出部门的冲击

为了应对其他部门不同的油价冲击效应、减小油价冲击带来的负面影响，日本政府支出部门在不同时期显示出不同的调节作用。1985年之前，由于油价上涨造成日本经济的明显衰退，日本政府在油价上涨之后的第四个季度积极扩大内需，大幅增加政府开支、刺激经济，以防止经济的深度衰退（见图10-5）。而在第二个子样本区间，由于经济增长未明显受到油价冲击，甚至表现为正向增长，在此期间日本政府也未对油价波动出台明显的应对措施。相比短期的应对措施，日本政府此时注重国内能源消费结构的优化、环境要求，努力降低原油在一次能源消费中的依赖程度，提升核能、液化天然气、电能等清洁能源的消费比重。而在2010年之后，国际油价持续走低，在此期间日本政府依然未对油价波动出台明显的应对措施。

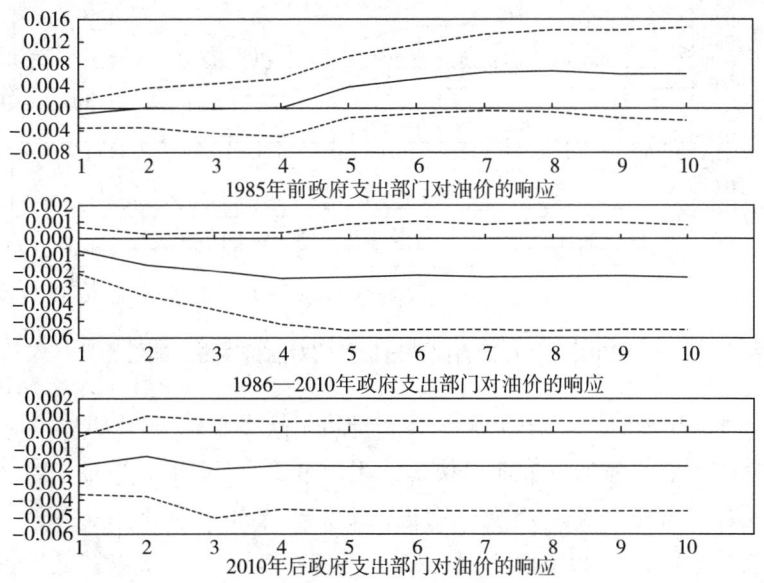

图10-5 日本各时期政府支出部门对油价冲击的响应

(4) 油价对日本出口部门的冲击

日本出口部门对油价冲击的响应较为引人注目（见图 10-6）。在第一、第二子样本区间内，日本出口部门在国际油价上涨后的六个季度之内均呈持续、大幅的正响应状态，且 1986 年之后的响应幅度加大。可见，在 2010 年之前，国际油价上涨后的日本出口部门均呈现出积极态势。由此可以断定，日本出口部门中至少有一种商品会随着油价的上涨而出口量增加。至此，本章初步探寻到了日本经济可以抵御油价上涨的一个重要原因——日本某一产品或者某一行业具有油价抵御能力，甚至可以在油价上涨中获得出口的增加。为寻找这一（些）独特的出口商品，本书将在下一层次中进一步加以分析。

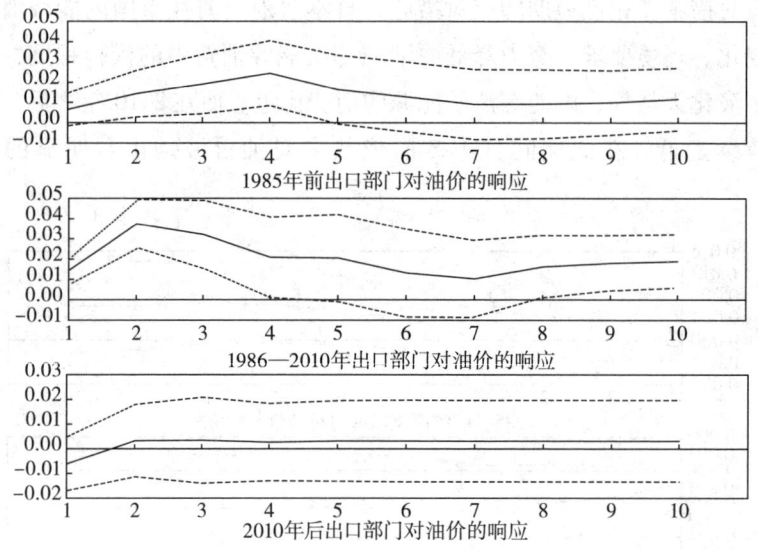

图 10-6 日本各时期出口部门对油价冲击的响应

关于 2010 年后日本出口部门未对油价呈现出显著性响应的原因，可以根据此时期内的油价走势加以说明。2010 年至 2014 年上半年，国际油价较为平稳，每桶价格在 90 美元附近波动，而从 2014 年下半年开始，国际油价持续走低，至 2016 年 2 月已跌至 30.32 美元/桶。所以在低油价条件下，原本高油价时某些具有出口可能的产品优势不再明显，海外市场需求萎靡导致日本出口部门未呈显著响应。

(5) 油价对日本进口部门的冲击

不同于出口部门,1986 年之前,日本进口部门在油价上涨后的表现整体响应为负(见图 10-7)。主要原因在于此时期内国际油价上涨后的日本经济显著衰退、居民消费水平降低,带来进口需求的减少。而在第二个子样本期间,日本进口部门在国际油价上涨后的四个季度内响应均为正。深入进行分析,由于此时期内日本经济增长未受到油价波动的影响,居民收入没有降低,油价上涨带来的美元被动贬值可能造成日本进口商品实际价格的下降,从而有助于日本进口需求的增加[①]。相反,2010 年之后,国际油价的下降伴随着美元的强势回归。在此背景下,即使油价下跌带来商品价格下降,但是在美元币值一路走高的条件下,日本进口需求却未显著增加,反而在第一季度显著下降,第二季度才有所回升。

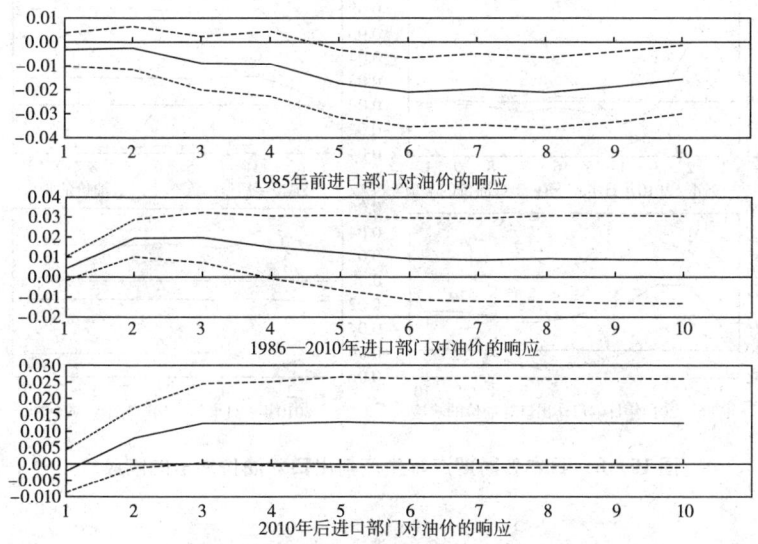

图 10-7 日本各时期进口部门对油价冲击的响应

10.3.3 第三层次:日本汽车产业对油价冲击的响应

在第二层次的分析中,本书发现了日本出口的增减与国际油价涨跌的一致性,由此判断日本某一(些)商品会随着国际油价上涨而呈现出口增

---

① R. B Barsky, L. Kilian. Oil and the Macroeconomy Since the 1970s[J]. *Journal of Economic Perspectives*, 2004,18(4):115-134.

加,甚至产量增加的特性。Hamilton(2009)研究发现,每当油价上涨,消费者便会在意汽车的汽油成本,所以更倾向于购买轻便、低油耗品牌的汽车①。结合日本汽车的特点,尝试研究日本汽车生产与出口在油价上涨后的反应。如图10-8所示,日本汽车的生产量与出口量在2010年之前的油价上涨中均表现为明显的上升态势,而在2010年后的油价低迷时期均无显著反应,验证了本研究此前的判断,即至少日本的汽车部门在油价上涨中表现为正。进一步地,由于汽车出口占日本总出口的比重最大,我们在产品层面印证了第二层次分析中日本出口部门对油价的反应显著为正的原因。至此,本书在第二层次的中观结构、第三层次的微观基础方面均探寻到了日本经济可以抵御油价冲击的有力证据。

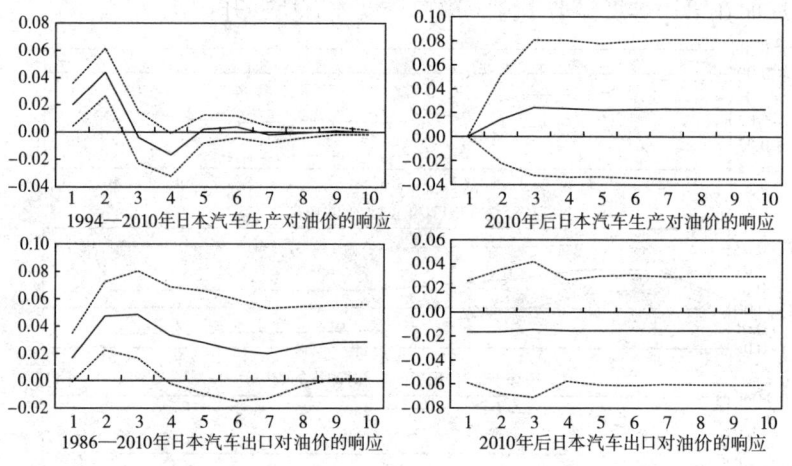

图10-8 日本各时期汽车生产与出口对油价冲击的响应

10.4 日本经济增长结构的特点

通过以上三个子样本区间的历史比较,我们发现、确认日本GDP整体及其构成中的各部门对油价冲击会做出不同方向的响应,直至寻找到日本产品层面的微观特征。为进一步说明日本经济增长结构与抵御油价波动能

---

① J. D Hamilton. Causes and consequences of the oil shock of 2007-2008[J]. Brookings Papers on Economic Activity,2009,40(1):215-283.

力之间的具体关系,下面我们首先考察国民收入支出法中五部门在各时期内占日本 GDP 的比重,然后重点分析 2011 年东日本大地震后日本经济在震后不利条件下的具体表现。

10.4.1 日本经济的增长结构深入分析

表 10-3 显示了测算出的自 1973 年开始至 2017 年日本国民经济核算支出法中五大部门的 GDP 占比情况[①]。

第一,居民消费部门虽然 40 多年来一直占有 GDP 的最大份额,是日本经济增长的最大驱动力,但是,除去 1986—2009 年的微弱扩张外,在 2010 年后 GDP 的平均占比已经下滑了近 10 个百分点,已不足 60%,凸显出日本居民消费的萎靡趋势,实际上该特征可以从每年全日本百货店的销售额中发现端倪[②]。居民消费对油价的冲击响应,已从 1986 年之前的显著负向转变为 1986 年后的不显著反应。可见,占比最大的消费部门整体对油价冲击的无显著反应在很大程度上稳定了日本经济在油价冲击中的表现,使得日本经济不再受到有机波动的困扰。但是,也从侧面反映出日本居民的收入水平久未上涨,日本泡沫经济破灭后,直至 2014 年才迎来久违的上调。实际上,居民消费部门占比下降、对油价波动无反应从侧面反映了日本经济衰退的事实。

表 10-3 各时期日本国民收入支出法中各部门的 GDP 占比

时期	消费部门	投资部门	政府支出	出口部门	进口部门
1973—1985 年	0.653	0.127	0.237	0.053	0.062
1986—2009 年	0.673	0.149	0.210	0.095	0.129
2010—2017 年	0.578	0.230	0.201	0.155	0.165

第二,在三个子样本区间内,日本投资部门的 GDP 平均占比从最初的 12.7% 分别增至 14.9%、23.0%,成为扩张幅度较大的部门。加之投资部门在第二个子样本区间内的正向油价响应在很大程度上拉动了日本经济的整体表现,成为抵御国际油价波动的中坚力量。虽然 2010 年后投资部门的

[①] 各时期的 GDP 占比均为样本区间内各季度的平均值。
[②] 数据参见百货店超市贩卖额指数:http://www.meti.go.jp/statistics/tyo/syoudou/result-2/index.html。

GDP 占比进一步上升，对于提高日本的经济增长具有重要意义，但由于其对油价的不显著响应已经成为日本经济抵御油价波动的中坚力量。

第三，在其他部门此消彼长的占比变化中，日本政府支出部门的 GDP 占比稍有萎缩，变化不显著。并且需要注意的是，政府支出对油价的响应情况与其余四部门的响应状态密切相关。例如，在前两个子样本区间内，政府支出的表现正好与投资部门的表现相反，可以理解为政府作为最后的调解人，会相机进行政策的调整。

第四，与投资部门相类似，日本出口部门的 GDP 平均占比在三个样本区间内从最初的 5.3% 分别增至 9.5%、15.5%，成为扩张幅度最大的部门，几乎扩展了 3 倍。汽车产品是日本出口中的最大宗商品，以其低油耗为核心竞争力，日本出口部门即使在 2003—2008 年的国际高油价时代也给日本经济带来了强劲的提升力量，使得日本这样一个原油净进口国意外地能从高油价中获益。

第五，日本进口部门近年来 GDP 占比扩大，且在 2010 年之后的油价响应中表现为正，使得日本经济整体没有延续第二个子样本区间的正向表现，而变为无显著反应。

经过以上的结构与响应分析，以第一子样本状况为例，油价波动对日本经济的整体影响应等于各部门比重与各自脉冲响应函数相乘：$0.653 \times (-0.003) + 0.127 \times (-0.015) + 0.237 \times (0.005) + 0.053 \times (0.01) - 0.062 \times (-0.002) = -0.002$。可见，独特的经济增长结构与产品的耗能表现最终形成了日本经济抵御油价波动的能力。

10.4.2 东日本大地震发生后日本的油气应对策略

最近十年中除了 2008 年国际金融危机之外，另一重大事件是 2011 年 3 月 11 日的东日本大地震，也给日本经济发展带来了严重影响。在核泄漏等环境安全要求下核电厂陆续停止发电，日本在能源层面采取了哪些应对措施来应对此次危机？日本对传统化石能源的依存度上升，发电所用原料中的原油与液化石油气占比从 2010 年的 6.6% 增至 2012 年的 17.1%[①]。但是，在此情形下日本的原油进口数量显著增加了吗？

---

① 资料来源:http://www.meti.go.jp/policy/energy_environment/energy_policy/energy2014/index.html。

10 油价冲击与日本的经济增长结构

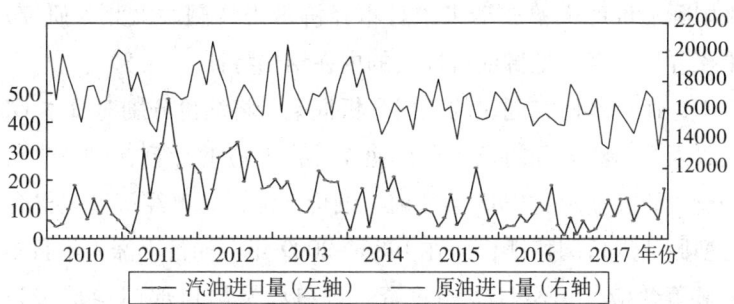

图 10-9　近年日本的原油与汽油进口量（千千升）

资料来源：CEIC 数据库。

如图 10-9 所示，2010 年之后日本原油进口数量整体呈现出显著下降趋势，即使在大地震后也无明显上升迹象。但是大地震之后 2011 年各月的汽油进口量猛增。这说明，一方面，东日本大地震使日本国内的炼油设施遭到破坏，短期内无法炼油，为保障日本国内成品油的供应，日本汽油进口量短期内猛增。另一方面，因为日本国家战略储备原油与民间商业储备原油数量非常巨大，日常即拥有 200 天使用量的储备规模（见图 10-10），即使在突发情况下国内原油价格也没有出现猛涨。

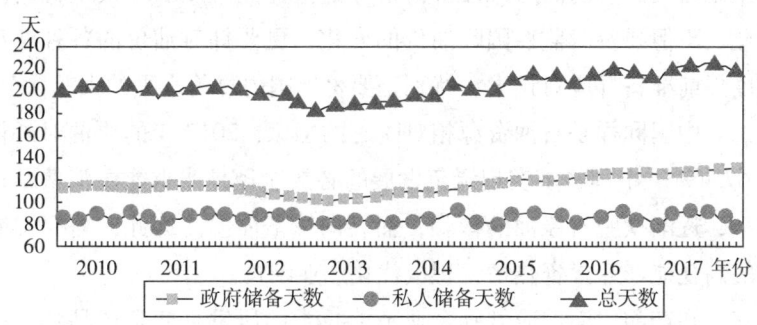

图 10-10　日本政府、私人储备原油可用天数

10.5　结论与启示

21 世纪的世界经济处在国际油价多变环境之中，而原油价格波动一般会给原油净进口国带来经济影响。虽然日本所需原油的 99% 依赖进口，但是近年来国际油价的大幅波动未给日本经济带来波澜。以此为研究动机，本章着重探寻日本经济抵御油价冲击的内在结构特征。

一方面，通过本研究创建的三层分析框架，将油价分别对日本 GDP 整体、国民收入支出法五部门及汽车行业作冲击响应的计算，以及进行各部分占比分析。研究显示：1985 年之前，油价上涨，日本经济完全符合 GDP 下降的典型原油进口国特征，而在 1986—2009 年，油价上涨未给日本消费部门带来显著效应，但给日本的投资、进口以及出口部门均带来正向效应。另一方面，深究日本的经济增长结构，由于消费部门的 GDP 占比下降，投资和出口部门的占比上升，最终造成日本 GDP 有两个季度微弱增加的结果，显示出日本经济有较强的油价冲击抵抗能力。2010 年后日本经济的表现也可以同样对此做出合理的解释。至于日本出口部门为何在油价上涨中增加，深入研究至汽车产业层面，最终发现其低油耗的特点使其在油价上涨中逆势崛起。综上可见，合理的经济结构以及产品的低能耗特点共同作用，使日本经济具有较强的抗油价冲击能力。

结合目前经济发展状况，本书有益的启示在于：

第一，虽然目前国际油价波动已经不像 20 世纪七八十年代那样具有破坏力，但是频繁波动的国际原油价格依然是世界经济发展中最不稳定的变量。因此，不但要及时监控国际油价的变化，更要针对油价的各种波动形式、幅度提前准备好应对预案，特别是要警惕国内物价水平的大起大落。

第二，中国同样是石油资源相对匮乏的国家，2017 年的原油对外依存度已达 67.4%。中国经济实现绿色发展的必然途径是注重能源消费结构的优化调整，逐渐摆脱对原油的依赖，而转向清洁能源。为此，需要抑制地方政府的高耗能产业投资热情，积极优化产业结构。

第三，在产品层面，应鼓励企业节能技术的研发，使其产品具备高能效、低污染的特点。近年来中国环境压力增大，不合乎环保规定的工厂已经受到罚款、停产等处罚。因此，努力降低生产过程中的能源消耗、减少污染物排放已成为中国企业必须处理好的问题。

11　国际原油市场展望

由前面的分析可知，国际油价已是世界经济的内生变量。实际上，不仅限于油价，国际原油市场的各个方面都已与世界经济密切相关。本章在分析国际原油市场与世界经济关系的基础上，分析全球经济活力，进一步对国际原油市场的供给、需求以及油价进行全方位展望。除此之外，分析目前美国原油产量稳步增加、美元升值以及最近美国的逆全球化行为对国际原油贸易的影响问题。在本章最后，重点分析中国经济在国际原油市场中从被动到主动的角色转换问题，以实现对世界经济与全球原油市场的全面把握。

在此前分析的基础上，本章结合最新的原油市场数据，对未来国际原油的供给、需求以及价格进行合理预测。

11.1　国际原油供给展望

经过现代工业100多年的积累与发展，世界常规原油开采技术已经非常成熟，产量的多寡亦不再受到技术方面问题的影响，而纯粹受到经济形势的左右。由图11-1可知，世界原油每日的产量大约由1994年的6848万桶增长至2017年的9923万桶，23年增长了45%，每月的增减率在1%左右。该图展示出国际原油供给的一个最明显特征——2008年后世界原油总体供给的变化率非常小。世界主要产油国为了操控油价，似乎形成了某种默契，即维持世界原油总产量的稳定。例如，在2008年美国页岩油产量大规模增长之际，沙特阿拉伯与俄罗斯等国抑制自己的产量增加率，磋商减产幅度，试图稳定产量。实际上，避免原油供给的大起大落，可以有效保持国际原油价格与市场期望的稳定。

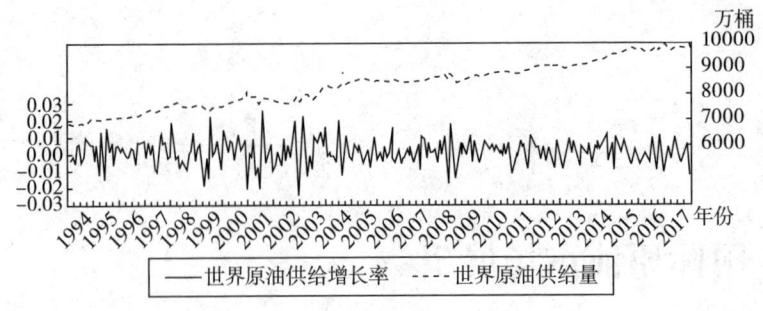

图 11-1　世界原油的供给量与增长率

理论上，运用时间序列分析方法，对国际原油供给的历史数据进行模型拟合。SAS 程序拟合出 ARIMA（1，1，0）模型，并且对未来 4 个月的供给进行预测，计算结果分别是 9813 万桶、9823 万桶、9835 万桶、9850 万桶和 9867 万桶。可以发现，未来原油的供给量依然保持目前的供给特征，呈现出微弱增加的特点。

现实中，短期国际原油供给实际受到如下几个因素的影响：

第一，各方能否达成有效的减产协议。2016 年 11 月 30 日，经过各方商谈，欧佩克 8 年来首次达成减产协议：从 2017 年 1 月起，持续 6 个月每天减产原油约 120 万桶，并且成员国减产后目标产量控制在每天 3250 万桶。协议达成后，国际油价迅速飙升 10%，WTI 价格达到 49.44 美元/桶，布伦特原油也高涨至 50.47 美元/桶。之后该协议经过数次修改，欧佩克成员国同意延期至 2018 年年底。目前国际油价已经处在 70 美元/桶左右的水平，均超过了各方的边际成本与盈亏平衡价格。所以未来各方继续实行减产协议的概率很大，因为在减产协议前各方已经保持了一个很高的产量水平。但是由于美国页岩油的大规模量产，很可能促使沙特阿拉伯与俄罗斯形成联盟，一起控制减产协议的具体额度，以便制衡来自美国的威胁。

第二，世界地缘政治局势对主要产油国的影响。伊朗与俄罗斯均为重要的产油国。但是由于核问题、恐怖主义等因素，西方国家对俄罗斯、伊朗等国常运用经济制裁等措施控制其原油的投资与出口，从而间接限制其产量。例如，因为"伊朗人质危机"事件，自 1979 年开始美国即禁止从伊朗进口原油，以后的 30 多年中又借伊朗的恐怖主义、核武器等问题分别采取了不同形式的禁止贸易、禁止原油进口等法案。而随着 2016 年 1 月

16 日伊核问题协议的达成，美国与欧盟随即宣布解除对伊朗的经济制裁。伊朗立即日均增加 50 万桶原油出口量，此种条件下国际油价下行压力骤增，直接导致了近年国际油价的新低。而美国于 2018 年 5 月 8 日单方面宣布退出伊核协议，中东局势骤变，各方担心伊朗的原油出口受挫，给国际油价上涨带来推力。

第三，美国原油的产量。此处我们借助于美国国内油井数量来分析其产油量走势。图 11-2 刻画出 1986 年 1 月至 2018 年 5 月美国国内油井总数与 WTI 油价的走势。可见，美国油井数量与国际油价的走势高度一致，油井的多少完全依赖于国际油价的变化情况。截至 2018 年 5 月 31 日，美国原油钻井数已经连续 8 周快速增长，创下 2015 年 3 月后的新高。在国际油价屡次超过 70 美元 1 桶的大背景下，美国的页岩油产量突飞猛进，但是如此巨量的产量有可能成为油价上升的终结者，因为沙特阿拉伯与俄罗斯不会为了维持高油价而一味减产，腾出市场份额让美国的页岩油来填补，所以适度规模的页岩油产量很有可能再度成为国际油价的涨跌平衡点。

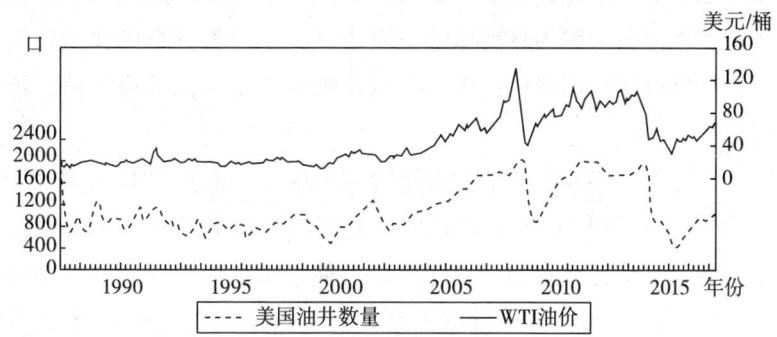

图 11-2　美国油井总数与 WTI 油价走势

11.2　国际原油需求展望

图 11-3 给出了 1985—2017 年世界发达经济体与新兴市场经济体的原油消费量。该图反映出世界原油消费的几大特征：

第一，对于发达经济体而言，2008 年的金融危机使其经济增速明显下滑，原油消费量也明显下降。虽然美国与 OECD 整体的原油消费量近几年

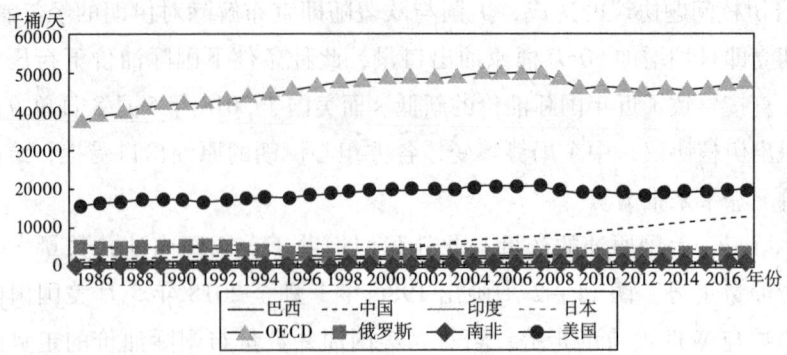

图 11-3　主要经济体的年度原油消费

资料来源：各年度《BP 世界能源统计年鉴》。

有回升的趋势，但是至今没有恢复到金融危机之前的水平。其中日本的原油消费量逐年走低，虽然有其技术进步、提高能效的因素，但是其经济复苏蹒跚的特征表现无疑。

第二，中国的原油消费随着经济的快速发展而迅猛增加，尤其是 2003 年至今的原油消费增量甚至没有受到 2008 年国际金融危机的影响，可见其经济增长惯性巨大。因为目前原油消费占其一次能源消费的比重较低，而其有污染特性的煤炭消费量巨大，可以预测到未来中国的原油消费依然会稳步增加。

第三，印度与巴西的原油消费增速较为缓慢，截至 2017 年依然在 500 万桶/天以下。可见其消费量远远小于美国与中国的消费水平，经济体量依然不够庞大。值得注意的是，受苏联解体影响，俄罗斯的原油消费量此后逐年走低，直至 2011 年后才有所反弹，从侧面反映出俄罗斯经济发展的艰难进程。

由以上分析可以看出，受到 2008 年国际金融危机打击之后，发达国家经济体很难重回到 2008 年之前的消费增速，其未来的原油消费会依照目前的增速继续增加，增加量相对稳定。最大的变化来自中国与印度，因为二者目前的年度绝对增量都在每天 400 万桶左右，依然是全球最活跃的经济体。与其他国家合并计算，每年世界原油消费增量在 1000 万桶/天的水平，并且在未来还会持续增加。

11.3 国际油价展望

前文分析得出国际油价下跌的主要影响因素,即全球原油产量、全球经济景气程度以及金融投机需求背后的美元货币政策。因此,鉴别这三大因素的反转条件即可判断国际油价何时止跌回升。

第一,国际原油市场结构正在从寡头垄断竞争走向完全竞争,其中最大的变化在于美国从原油净进口国转变为原油出口国。美国与沙特阿拉伯、俄罗斯、伊朗等均成为产油大国、出口大国。而在中国"一带一路"倡议的有效带动下,以前原油出口量较少的哈萨克斯坦、土库曼斯坦与乌兹别克斯坦也正在成为稳定的原油出口国。可以预见,在地缘政治平稳、采油技术成熟的条件下,短期内最有可能提升国际油价的条件是原油主产国对原油限产、减产的人为因素。根据 2014 年与 2016 年 11 月底 OPEC 先后的不减产决定以及减产决定可以显著降低、拉升国际油价的历史经验可知,OPEC、俄罗斯等传统产油国的决定会引发国际原油市场的敏感反应。

虽然沙特阿拉伯、俄罗斯与美国都是原油主产国,但其各自承受低油价的能力不同,期望的高油价水平也不相同。

我们首先分析油价降低时的情况。原油属于上游开采部门的成品,但属于下游炼化部门的原料,并且目前各国各类原油制成品价格的下降幅度远小于原油价格的下降幅度。只有当下游炼化行业的利润明显下降时,才有可能使产油国集体做出限产决定。而沙特阿拉伯国内的炼油产业欠发达,无法与美国、俄罗斯等国相抗衡,无法弥补原油开采带来的收入损失。所以沙特阿拉伯最有可能主动联合 OPEC 其他国家最早提出和实施原油限产的决定。考虑目前的国际政治局势等因素,沙特阿拉伯率领 OPEC 其他成员国最易与俄罗斯形成产量协议以制衡美国,寻找自身利益最大化又可以遏制对手的最佳产量。例如,2016 年 11 月 30 日,正处于油价低迷时期,OPEC 内部成员国达成每天减产 120 万桶的协议。第二天,OPEC 即与俄罗斯达成减产协议,俄罗斯同意每天减产 30 万桶。

我们下面分析油价回升时的情况。2018 年 5 月之后大于 60 美元/桶的国际油价已经远高于各国的产油边际成本,但是,产油各国从自身的立场出发,并不是所有产油国都期望油价越高越好。从沙特阿拉伯、俄罗斯的角度出发,过高的原油价格不利于他们遏制美国页岩油产业的发展,也不利于他们发挥市场势力。因为过高的油价不仅会刺激美国的原油供给增加,还会促使原油净进口国开发新能源、新技术来取代原油。因此,在国际油价回升时期,全部的产油国依然不会就合理的高油价区间形成共识。

第二,美元货币政策同样可以在短期内显著影响国际油价的波动。进入21世纪以来,作为原油的定价货币,美元汇率、美元利率与国际金融市场上的流动性密切相关。如果美国经济继续保持目前稳健的复苏势头,国际资本将向美国集聚,为防止资产泡沫与经济复苏过快,美联储自2015年至今已经七次加息。与以往美联储加息会引起新兴市场国家跟随加息的举措不同,在经济增速普遍下滑的情形下,新兴市场国家很可能继续保持宽松的货币政策。直至美联储再次实施非常规量化宽松政策或者降息时才会引起流动性的释放,引起油价的短期激荡。从目前来看,两者的可能性都很小,所以美元货币政策层面未来不会引起油价的大幅波动。

第三,油价提升的最根本动力在于全球经济的景气复苏。如果欧洲、日本等发达经济体稳步复苏,并且中国等新兴市场经济体的经济增速维持在目前水平,则其巨大的原油消费也会支撑油价居于较高区间。问题在于,欧洲遭受叙利亚难民危机,失业率居高不下。而日本受消费税率提高的影响,国内需求下降,并且目前实行的负利率政策效果还有待观察。中国目前正处于经济增长的"换挡期",由于目前经济整体基数大,重回7%以上经济增速的可能性较小。提升原油的实际消费需求量是一个缓慢的过程,短期内不会出现较大增幅。

由以上分析可知,2016年底OPEC与俄罗斯达成减产协议以来,国际油价在其他因素微小变化的情况下缓慢回升,目前已经处于60~80美元/桶之间,国际油价在此区间运行还将持续一段时间。即使2018年年底该减产协议到期,沙特阿拉伯与俄罗斯继续延长该协议的可能性较大,即60~80美元/桶之间的国际油价水平符合大多数产油国的预期,它们也将致力于油价在此区间长期运行。

11.4 美国挑起的全球贸易摩擦对国际原油市场的影响

2018年1月，美国即宣布将进口到美国的太阳能电池和太阳能板以及大型家用洗衣机征收临时性关税，而中国占据全球太阳能电池板产量的最大份额。此时起，美国针对中国、欧盟、日本、韩国以及加拿大与墨西哥等国的贸易摩擦正式开始。而后虽然各方与美国有过多轮谈判，但是在2018年6月1日，美国宣布对欧盟、加拿大和墨西哥的钢、铝产品分别征收25%和10%的关税。6月15日，美国宣布对从中国进口的商品加征25%的关税。美国针对中国的关税清单包含两个批次，第一批加征关税产品总计340亿美元，并于7月6日开始生效，另外160亿美元商品仍在评估之中。具体商品包括机器人、航空航天、工业机械和汽车等高科技产品。

在经济体一体化和全球化的今天，美国挑起的贸易摩擦会给世界经济与国际原油市场带来怎样的影响？

第一，贸易摩擦对世界经济的影响。世界经济正在从金融危机中缓慢复苏过来，大规模的贸易摩擦必将引发商品出口国同等额度的反抗措施，使得美国商品的出口降低、国际贸易成交额急剧下降，最后整体连累世界经济增长，使得本来就不稳固的世界经济复苏面临新一轮的经济衰退。因为经济衰退时，各国为了保护本国产业，会出现竞争性加征关税行为，国际贸易进一步萧条，加剧经济收缩，从而进一步引发更强的加税压力，形成恶性循环。

第二，贸易摩擦对全球原油供给的影响。影响国际原油供给的主要是政治因素。政治因素既有地缘政治局势，又包含产油国的结盟、减产协议。虽然美国目前没有针对产油国挑起贸易摩擦，但是贸易摩擦的直接后果是美元升值、油价降低，这可以引发产油国的减产、限产决定，从而减少国际原油市场的供给。如果此时国际油价继续降低，也会打压美国国内的页岩油产业；如果此时国际油价不受影响，则美国会加大页岩油的开采，增加国内库存，继续拉低WTI价格，扩大与布伦特价格的价差。而在地缘政治局势方面，美国退出伊朗核协议，重启对伊朗的经济制裁可能引发中东地区的局势紧张，甚至引发原油的供给危机。

第三,贸易摩擦对全球原油需求的影响。原油需求可以分为实际消费需求和金融投机需求。如果贸易摩擦引发全球经济衰退,那么发达国家、新兴市场国家的经济增速将会进一步放缓,引起原油的实际消费需求下跌。而在原油的金融投机需求层面,主要指标是国际流动性的多少。在美联储连续加息的背景下,美元流动性收紧,世界上其他国家的货币相对于美元贬值,此时美元的流动性不高,所以原油的金融投机需求可能不会旺盛。

第四,贸易摩擦对油价的影响。随着贸易摩擦的加剧,美元的连续加息、升值,除了继续加深美国产品的出口困难外,有可能引发包括原油在内的国家大宗商品价格的下跌。国际原油以美元定价,在美元币值升值的前提下,相当于原油价格升高,此举引发原油进口国的需求减少,最终带来其原油消费需求降低、油价下跌。另一个传输渠道是全球经济衰退下的实际消费需求减少,也会引发油价下跌。

第五,贸易摩擦对国际原油贸易的影响。原油与石油制品均占据国际贸易总额的很大比重。贸易摩擦中因为美元升值,导致原油进口国的原油需求降低,势必带来国际原油贸易的收缩。特别是美国作为原油出口大国,在贸易对象国的同等关税措施报复下,其原油出口贸易会受到很大影响。根据 EAI 的统计数据,中国 2017 年已是美国原油出口的第二大目标国,占其原油出口份额的 20%。可见,如果贸易摩擦影响到国际汽车贸易领域,将会对国际原油贸易产生更为严重的阻断效应。

最新的数据显示,随着美国宣布对中国实施加征关税举措,当日晚间,WTI 原油期货即每桶下跌 1.42 美元,跌幅 2.1%,刷新日低至 65.47 美元/桶。BRENT 原油期货价格则下跌 1.78 美元,跌幅超过 2.3%,刷新日低至 74.16 美元/桶。

由以上分析可以看出,虽然美国发起的贸易战具体负作用有待观察,但是其逆全球化行为以及由此引发的一系列连锁反应,给刚刚走出金融危机的世界经济带来新的不确定性与隐患,甚至此次贸易摩擦有可能再次将世界经济拖入泥潭,也使国际原油市场重新会回到需求萎靡、低价徘徊的状态。

11.5 未来中国在国际原油市场中的角色

中国目前是世界第一大原油进口国、第二大原油消费国。其原油消费占世界总额的比重从 1985 年的 3.04% 飙升至 2017 年的 13.04%。根据中国目前的经济体量与经济发展阶段,可以预见未来中国的原油消费量将会继续扩大,直至中国经济完成工业化、城镇化进程。

11.5.1 中国国内的原油期货市场发力

先回顾一下我国原油期货的发展历程。中国的原油期货发展可以划分为如下三个阶段:

1992—1994 年是中国原油期货市场的萌芽阶段。1992 年年底,原南京石油交易所首先推出石油期货交易。次年 3 月 9 日,原上海石油交易所开业,成功推出石油期货交易。随后,广州、北京等地也成立多家交易所,推出相应的原油期货交易。1994 年年初,国务院发布《国务院批转国家计委、国家经贸委关于改革原油、成品油流通体制意见的通知》,国内原油价格改为由国家统一定价,国内原油期货交易所相继关停。

1995—2012 年是中国原油期货市场的成长阶段。时隔十年,2004 年 8 月 25 日中国第一个与原油相关的能源期货品种燃料油期货在上海期货交易所挂牌上市。2012 年 1 月 6 日,全国金融工作会议上明确提出要稳妥推出原油等大宗商品期货品种和相关金融衍生产品。同年 7 月,国家发展改革委等部门向国务院上报《关于开展我国原油期货市场建设筹备工作的请示》。五个月后,新修订的《期货交易管理条例》正式实施,符合规定条件的境外机构,可以在期货交易所从事特定品种的期货交易,这为境外投资者进入交易所进行原油期货交易预留了空间。

2013 年至今是中国原油期货市场的发力阶段。2013 年 11 月 9 日,中共中央在十八届三中全会上提出要推进石油、天然气等领域价格改革,放开竞争性环节价格。同年 11 月 22 日,上海国际能源交易中心揭牌。2014 年 12 月 12 日,中国证监会正式批准上海期货交易所在其国际能源交易中心开展原油期货交易。自此,原油期货上市工作步入实质性推进阶段。2018 年 3 月 26 日,中国在上海国际能源交易中心正式上市,宣告中国能源期货市场正式成为国际原油期货市场的一部分。该市场百日之内交易量迅速攀升，日均成交量已经超过了迪拜商品交易所阿曼原油期货品种，成为亚洲最大和全球第三原油期货合约，仅次于美国纽约 WTI 原油市场与英国布伦特原油市场。据已经公布的数据进行统计，截至 2018 年 7 月 3 日，共计 67 个交易日，中国原油期货共成交约 1041 万手，累计成交额超过 48477 亿元。通过该市场，中国不但提升了在国际原油市场定价领域的话语权，而且进口原油的溢价情况也会得到一定程度的改善。

可见，中国原油期货虽然起步晚，但是发展快，短短半年时间已经成为世界上具有一定影响力的原油期货市场。"上海油"的成功意味着中国经济已在世界舞台中彰显越来越重要的作用与地位，具体分析如下：

第一，由于时差的原因，欧美在中国的夜间进行开盘交易。上海原油期货价格有效填补了世界原油期货市场的交易时段，客观上形成了世界全天候连续交易机制。上海国际能源交易中心所提供的原油期货价格成为纽约与伦敦期货交易中心的重要参考指标，并且其已与另外两大交易市场的价格形成了良好的互补关系。

第二，上海原油期货价格由于主要体现了中国原油市场的供需状况，所以在一定程度上了发出了中国声音，使中国真正参与、影响到国际原油期货价格的形成过程。与美国纽约 WTI 原油市场与英国布伦特原油期货标的的轻质原油不同，此次中国版原油期货合约标的为中质含硫原油，因为该原油是我国及周边国家进口原油的主要品种，此举充分体现了原油期货将服务于中国原油生产消费、加工贸易的创建初衷。不仅于此，上海原油期货还为我国原油贸易提供了风险对冲和套期保值工具，对于中国原油的供需平衡、经济的平稳增长、国家利益具有重要的作用。说明中国市场对亚太地区乃至全球的影响正在显现。

第三，上海原油期货交易采用人民币计价，随着交易规模的扩大，必将有利于推动人民币的国际化进程。2008 年金融危机发生后，各国都在寻找美元以外的储备货币，由于中国经济增长的稳定性，人民币此刻开始在国际上越来越受到重视。原油作为经济生产过程中不可缺少的原材料，又具有一定的金融属性，使其在一定程度上反映了一个地区的通胀情况，并可通过期货交易吸收大量的流动性。建立以人民币为结算货币的原油期货市场，将使人民币的国际交易结算功能在实体经济领域和金融市场中进一步得到加强，从而提升人民币在国际贸易中的影响力，削弱美元与油价的关系，有助于打破全球油价规则的美元垄断。

第四，原油期货市场的成功给其他大宗商品期货交易市场的建立带来丰富的经验与启示。除了原油之外，中国针对铁矿石以及钢铁、粮食等农产品、有色金属等商品均有巨量需求，其他大宗商品可借鉴上海原油期货市场运营成功的经验，建立期货市场以规避风险。

11.5.2 中国进口原油、出口成品油的局面将成为现实

一方面，2017年，中国原油对外依存度达到67.4%，净进口量为4.2亿吨，再创历史新高。随着经济的稳定发展，未来，中国对原油的需求越来越多。而受限于国内的原油储量与产能，势必未来中国大部分所需原油需要进口。所以，保障原油进口源的稳定、可持续供给，以及走出国门建立海外原油开采基地，都是中国未来的重要任务。

另一方面，中国国内的炼油能力严重过剩。截至2016年年底，我国的炼油能力已达7.5亿吨/年，占全球炼油能力的15%，仅次于美国的9.2亿吨/年。而同年我国炼油加工量为5.4亿吨，各类炼油厂的开工率则由2010年的82.2%下降到2016年的76.7%。可见，中国整体成品油市场已经从供不应求转向供应充裕，而因成品油增值税和消费税的税负较重及政策支持海外拓展市场，中国炼油厂对外出口成品油也呈现连续四年上涨的趋势，例如，从2012年的出口495万吨猛增至2016年的3355万吨，出口量占国内同年成品油产量的比例也从2012年的1.7%增至2016年的9.7%，在亚太出口国中居第三位。从2012年前的净进口到而后的净出口，再到出口量以年均40%~50%的速度猛增，我国成品油进出口贸易格局在短短几年内即发生了翻天覆地的变化。①

需要强调的是，近年来美国、中东等地区炼油能力不断提升，跨区出口贸易活跃，这些地区正从以出口原油为主走向出口原油和成品油并举的新模式，对全球其他地区，尤其亚太地区的影响不断扩大。如此背景都将使我国成品油出口面临更加激烈的多方竞争环境。

---

① 资料来源：《2017—2022年中国炼化设备行业市场深度调研及投资战略研究报告》。

11.6 结论与启示

本章借助国际原油市场与世界经济的内生性特点,分析国际油价下跌因素与世界经济活力的高低,并得出如下结论:世界经济经历了2013—2016年的衰退,具体包括发达国家短期性货币政策无法支撑实体经济的真正好转、新兴市场经济体连续六年的整体增速下滑使世界经济增长彻底失去强劲动力、发达国家之间的政策方向分化打乱了世界经济复苏步伐等因素。虽然目前世界经济开始复苏反弹,但是受限于各种因素,除美国经济"一枝独秀"外,贸易保护主义、汇率战等依然对世界经济的稳步复苏构成威胁。

关于国际原油市场的未来走向问题,本章判断未来世界原油供给量依然保持充足、稳定的特征,并会呈现出增速小幅提升的特点。关于原油需求,发达国家经济体未来的原油消费会依照目前的增速继续增加,增加量相对稳定。最大的需求增量来自中国与印度,因为二者目前依然是全球最活跃的经济体。与其他国家合并计算,每年世界原油消费增量在1000万桶/天的水平,并且在未来还会持续增加。原油价格将会在70美元/桶附近徘徊,有利于产油国的经济稳定与世界经济复苏。

而中国凭借其强劲的经济增长惯性,未来依然会大量需求原油。而其国内原油期货市场的建立、成功运行,势必将中国声音反映到国际原油市场,促进中国原油供需的市场化、人民币国际化。依据中国国内的石油产业特点,预判中国未来会加大原油进口与成品油出口。

据此,本章的政策启示在于:

第一,中国少油的资源禀赋结构与巨大的经济体量决定了中国原油的进口格局。依据中国未来原油实际消费量,借助"一带一路"倡议、参考地缘政治安全状况,中国能源的进口与保障问题是未来发展中的重要议题。所以,我们必须提前谋划好稳定的原油进口源,同时努力研发可燃冰、页岩油等国内储量丰富的新型能源的廉价开采技术。

第二,中国经济步入新常态,增速有所回落,如果包括原油在内的煤炭、钢材、水泥等过剩产能行业的产品价格持续低迷,则中国经济陷入通货紧缩的风险加大。所以中央银行的货币政策应由稳健型转为适度宽松型，加大流动性的释放，保证经济增长水平与就业率。同时，应防止释放出的流动性过多地进入到股市、房地产等过热部门，切实为实体经济的发展提供金融支持。

第三，近年中国环境情况严峻，低油价会带来更多汽油的使用。所以，短期内可以设置成品油价格调整的过渡性"地板价"，此举既可以防止汽车尾气污染问题，又可以保护石油开采业健康、可持续地发展。需要注意的是，中国如果长期实行"地板价"策略，有可能出现中国正规成品油滞销或者海外低价成品油的走私入境。

第四，国际贸易中原油以美元结算，但是美元汇率的波动更多的是为了美国自身的国家利益考虑。为了摆脱美元因素的不利影响，中国已从2016年开始在与俄罗斯的原油贸易中采用人民币结算。所以，在目前低油价的有利环境下，可以尝试与沙特阿拉伯等产油国利用人民币进行结算。而在美元升值、人民币被动贬值的背景下，适度控制贬值区间，也可以减轻国内企业的出口压力。

12 研究结论与未来研究方向

12.1 主要结论

本课题通过构建波动因素时点分解方法,从油价波动起因与油价的经济效应两个层面对原油市场动态演化规律展开全方位研究,得出了如下研究结论:

第一,国际原油1986年之后的供给实际上较1986年之前的情形有很大改变——供给不再短缺、地缘政治局势不似20世纪70年代那么严峻。俄罗斯、印度尼西亚、中亚等供给源的增多基本上保证了国际原油市场上的充足供给,给交易各方政府与各类机构带来了稳定的供给预期,保持了油价的稳定。实际消费需求因素对油价的作用微小。表明世界原油的实际供给与实际消费需求基本平衡,世界经济多表现为稳步增长过程,没有出现突然的繁荣与衰退。此期间原油的实际消费需求也没有突变,使其对价格的影响也很有限。只有在2008年之后,世界经济状况多变,导致原油消费需求骤减或骤增,才引起油价的起伏变化。

第二,通过分析1990年8月至1991年2月海湾战争期间的国际原油市场发现,战争即使对产油设施本身的物理破坏程度微小,但是人们习惯性地认为战争会带来巨大的破坏作用,甚至某个中东国家不利于产油的新闻往往都会反映到国际原油期货市场上变为集体的恐慌情绪,从而扩大了战争或者新闻事件本身的作用。这说明石油作为世界上第一大消费能源,其任何风吹草动都会引起投资者的敏感反应,也恰好说明了油价是世界经济中的不稳定变量。

第三,1999—2000年国际油价的上升表明,虽然油价与供需关系具有相关性，投机资金的因素会对油价的涨跌发生乘数效应，扩大物理供需的实际作用。可见，在供给、需求与投机三种波动因素中，预防需求因素的作用往往最大。不论是在油价的上升时期还是下降时期，预防需求冲击在30多年的过程中均表现出了巨大的作用力。不仅如此，本时段油价涨跌同时反映出一个重要现象——预防需求的油价抬升作用往往早于原油市场供需层面的实际变化。

第四，在2007年至2008年上半年历史最高的国际油价上涨中，世界范围内没有明显的战争、地缘政治冲突等外生事件的发生，但是在此期间各国低水平的利率政策、过多的金融衍生品以及国际流动性泛滥，在这些投机基金无处可去的情况下，汇集于国际原油期货市场，引发了包括原油在内的国际大宗商品价格的猛烈上涨。

第五，关于2008年下半年、2014年下半年国际油价下跌的发现。2007年美国次贷危机爆发，一年后传导至实体经济部门。2008年下半年开始实体经济遭受重创、各经济体的原油实际消费需求减少，此时全球流动性收紧，投机基金也在短期内快速撤出原油期货市场，这些原因共同引发了第一轮油价的剧烈下跌。关于2014年的国际油价下跌，主要存在供需两方面因素。经济因素方面，首先，至2017年年底，美国页岩油产量每天已达500多万桶，甚至使美国在2015年变为原油出口国。整体说来，国际原油市场的供给已经大于需求。其次，新兴市场经济体的经济增速明显放缓，各大经济体均步入深度调整期，经济复苏乏力，原油需求疲软。非经济因素方面，第二轮油价下跌也体现了产油大国之间的博弈。OPEC凭借其低廉的生产成本，一开始坚持不减产方针，既维护了其市场份额，又打压了美国新兴的非常规原油产业。

第六，通过波动因素时点分解方法的优良特征，对比各大因素在油价涨跌中的作用大小，我们可以发现油价涨跌的非对称性因素：油价大幅上涨时，多由预防需求因素的过度投机引发，而油价下跌时，既与预防需求因素的撤出有关，又与实际消费需求的萎靡、供给过剩有关。

第七，通过2014年之后的情形可以发现，预防需求因素的变化也会受到实际消费需求因素的影响。当实体经济衰退时，虽然各国会出台宽松性货币政策刺激投资、消费，以期摆脱经济增速低迷的困境，但是此时各方的投资或者投机会非常慎重，更多地偏向储蓄。相反，在世界经济景气时，原油的实际消费需求旺盛，国际流动性容易泛滥，此时各类投机基金更容易进军原油期货市场，引起原油期货价格的大涨大跌，进而影响现货价格、实体经济。

第八，2008年之前的高位国际油价刺激了美国页岩油的大规模开采，页岩油革命的最大作用除了增加美国原油供给，使其从原油净进口国变为原油净出口国外，最大的作用在于使两大油价指标体系发生了逆转。历史上WTI油价长期高于BRENT指标大约3美元，而从2010年开始，不仅二者的价差扩大，而且关系发生了逆转，BRENT指标油价开始高于WTI体系。研究发现，受到美国铁路运输能力有限、输油管道较少等客观因素的制约，近年美国页岩油增产时常导致库欣地区原油库存的增加，造成WTI油价指标的下跌。而BRENT油价体系代表欧洲地区的油价基准，由于欧洲进口原油的地区主要集中在独联体以及北非地区，这些地区近年的原油产量比较平稳，甚至还会受OPEC限产等措施的影响，出现供给不足的错觉。

第九，中国的经济增长波动并未像西方学者所说的那样严重影响到了国际油价。中国经济仅在1999年、2002年以及2005年的国际油价上涨中起到过微弱作用，而在1996年、2009年实际上拉低了国际油价。有三点原因造成了中国经济在国际原油市场上的被动局面：首先，中国独特的原油进口机制。中国原油进口实际上不是自由进口。虽然5家大型国营公司的原油进口没有数量上的限制，但是它们为了维持国内的寡头垄断地位与价格控制能力，原油进口数量、进口时间在国际原油市场上不一定与中国经济实时的原油消费需求相匹配。其次，中国在2018年之前国内没有建立有效、有规模、有影响力的原油期货市场，致使中国经济在国际原油价格的形成阶段与波动过程中均无法发挥影响力。最后，在课题的样本区间内，测算发现中国原油消费增速实际上低于中国经济增长增速，国外学者的研究中通常使用GDP比重来考察中国经济角色，实际上扩大了其实际影响。

第十，不同于以往油价波动对于经济增长影响的粗略研究，本课题将研究深入至油价波动起因，继而再测算其异质性经济效应。研究发现，在2014—2015年低油价时期，中国需求和预防需求呈现萎靡的缩减状态，二者均会拖累中国经济的增长，而OECD需求和原油供给增加未能对中国经济增长产生明显的影响。既然2008年131美元/桶的高油价都未能阻止中国经济的景气进程,那么2015年31美元/桶的低油价同样不能拉动中国经济增长。甚至我们可以将结论进一步引申:中国的经济进程不会因为油价波动而发生改变,即使油价下跌也不能改变目前经济增长的中速状态。中国经济的深层次问题在于增长结构的调整问题,不在于外部刺激的强弱。

  第十一,关于应对油价冲击的政策问题。虽然国际油价上升的直接影响与间接影响均对人民币兑美元汇率、国内物价整体水平产生了提升作用,但在中国货币政策的干预下,油价波动的总体影响没有损害中国经济增长的平稳性,避免了经济增速大起大落现象的发生。进一步研究发现,虽然一国货币政策通常面临保增长与抑通胀的两难境地,但中国的政策目标重点是保经济增长,而将抑制通货膨胀水平作为次要目标。

  第十二,通过对典型原油进口国日本的研究发现,合理的经济结构以及产品的低能耗特点使日本经济具有较强的抗油价冲击能力。具体来讲,油价上涨反而给日本的投资、进口以及出口部门均带来正向效应,并且其汽车一直具有耗油低的特点,在历次油价上涨中反而会使产量增加、出口增加。

  第十三,通过油价波动与世界经济活力强弱之间的关联性分析,发现世界经济经历了2013—2016年的衰退。导致衰退的具体原因包括发达国家短期性货币政策无法支撑实体经济的真正好转、新兴市场经济体连续六年的整体增速下滑使世界经济增长彻底失去强劲动力、发达国家之间的政策方向分化打乱了世界经济复苏步伐等因素。虽然目前世界经济开始复苏反弹,但是受限于各种因素,除美国经济"一枝独秀"外,贸易保护主义、汇率战等依然对世界经济的稳步复苏构成威胁。

12.2 未来研究展望——油价波动与经济周期

  一方面,现有研究无论采用何种方法,都承认原油价格、原油供给与原油需求是世界经济的内生性变量,然后将几个经济变量置于一个模型中进行研究,测算、分析各变量之间的作用关系。另一方面,经济周期是经济活动发展过程中不可避免的客观现象。世界经济总是呈现出周期性波动。那么,国际油价波动与世界经济周期波动是否存在联系?跳出仅仅分析油价波动因素、宏观经济影响的拘泥，可否利用油价的波动来预测世界经济的周期性特征。因为宏观经济预警的理论基础即是经济周期波动理论。如果能从油价波动端倪中预测世界经济周期的阶段与走势，则将对宏观经济的预警发挥重要作用，可以为政府、央行等角色部门提供先导性政策建议。

世界经济发展的特征与趋势是全球化。全球化意味着生产要素，例如技术、信息、服务、货币、人员、资金、管理经验等都可以实现跨国流动。各种要素的相互关联使各国经济相互关联，各国经济相互关联使世界经济的发展趋势越来越同步。所以，世界经济将会成为紧密联系的一个整体。找准一个关键变量的变化，有可能以小见大，准确把握世界经济的整体走势。而原油市场作为具有全球统一的价格指标，供需非常透明，各层面数据非常详尽，所以，利用先进的计量、统计方法，有可能实现对世界经济周期的准确把握与预测。

12.3 原油的未来——原油被替代的可能性与路径

自人类1859年揭开了世界现代石油工业的序幕开始，原油已经为世界发展燃烧了100多年。但是，由于人类对生态环境保护的日益严格，世界各国纷纷宣布禁售燃油汽车的时间表。例如，荷兰和挪威将在2025年、德国和印度将在2030年、英国和法国将在2040年全面禁止燃油汽车的销售。人类历史的发展经验表明，石器时代的终结不是因为耗尽了石头，而是因为铁器取代了石器。同理，即使作为不可再生能源，原油被清洁能源取代的可能性有多大？时间有多近？原油被代替的可能路径是什么？石油未来前景如何？本小节就这一问题展开分析和学习。

原油与成品油统称为石油，石油目前是世界第一大消费能源。石油的消费途径主要有两种，大约其2/3用于交通燃料，1/3用作化工生产原料。原油的燃料应用即通过将其炼化成汽油、柴油后参与到经济的生产活动中，除此之外，原油还在化工、材料等领域发挥巨大作用[①]。

---

① 由于本部分内容属于能源经济学与地质学等多学科的交叉内容，所以关于原油的未来问题更多地学习、参考了《石油被替代的可能性与路径之思考》一文。

原油被替代的可能主要来自交通运输领域方面，主要有两方面原因：第一，因为石油的单位热值污染物与二氧化碳排放量仅次于煤炭，所以在当前各国对生态环境保护严苛的条件下，石油最终被低碳清洁能源所替代是未来的发展大势。第二，随着能源领域储能新突破、新材料、人工智能、大数据等创新技术的出现，以及滴滴打车、摩拜单车等共享经济的迅猛发展，传统能源汽车受到来自多领域的挑战。可以预见，在2025年之后，甚至更早，燃油汽车的使用量会受到电动汽车、共享单车等多因素的联合冲击，最终导致其使用、销售都大幅下降。例如，电动汽车的全球保有量，2014年为70万辆、2015年增至120万辆，而2016年达到200万辆，2017年为320万辆，增幅逐年加大。

而在原油的材料应用领域，凭借原油独特的物理性质，其将在未来发挥更大的利用价值，创造出更多的、独特的新材料，来满足经济发展要求，但是总体使用量不及燃油规模。

由以上分析可知，原油在今后十年内依然会占据世界第一消费能源的地位，但是依然会被更加高效、低碳、清洁的新能源所替代。21世纪初的页岩气革命已经给世界带来巨大影响，未来的新能源革命势必将更加深刻地改变世界。

关于石油可能被替代的具体路径，根据目前材料科学、核科学等领域的发展情况，长短期内最有可能的替代路径有两条：

首先，短期内大容量电池替代原油。电动汽车问世已久，早在1873年，英国人罗伯特·戴维森制作出世界第一台电动车，而燃油发动机的汽车出现是10年之后了。真正阻碍电动汽车发展的是电池的容量问题，但是随着最近储能技术、电池技术的快速发展，电动汽车重新走进汽车市场。在过去8年间，电池的能量密度增长了6倍，而其成本却下降至原来的1/6。除了传统的锂电池外，氢燃料电池具有能量密度大、燃烧热值高的特点。截至2017年3月，全球氢燃料电池汽车保有量已达4138台。受益于技术进步，代表性的电动汽车Tesla Model S的续航里程已经接近480公里。目前中国是世界第一大电动汽车保有国，保有量占全球电动汽车的49.5%，并且2018年估计可以达到190万辆。

由于当前燃油发动机汽车动力潜能利用率低、尾气排放大，混合动力汽车随即出现。混合动力装置既发挥了发动机持续工作时间长、动力性能好的优点，又可以发挥电动机无污染、低噪声的好处，二者可使能源综合利用率提高、有害气体排放减小。

其次，长期内核聚变能小型化有望替代原油。核聚变能向来被认为是彻底解决人类能源需求的最终方案。核聚变能是目前人类所知道的取之不尽、用之不竭、极度清洁的理想能源。目前因为核聚变技术还有很大的突破空间，并且真正距离商业用途还需设备的小型化过程，所以，核聚变能估计要到2050年之后才能广泛走进现实生活。

石油真正被取代之日，世界经济波动也许会更少、中东也许不再是世界的火药桶、美元影响力也许会降低、生态环境也许会更好。

参考文献

[1] KESICKI F. The third oil price surge – What's different this time? [J]. Energy Policy, 2010, 38(3):1596 – 1606.

[2] BASSAM F, KILIAN L, MAHADEVA L. The role of speculation in oil markets: what have we learned so far? [J]. The energy journal, 2013, 34(3):7 – 33.

[3] KILIAN L, MURPHY D P. The role of inventories and speculative trading in the global market for crude oil [J]. Journal of applied econometrics, 2014, 29(3):454 – 478.

[4] HAMILTON J D. Daily changes in fed funds futures prices [J]. Journal of money, credit and banking, 2009, 41(4):567 – 582.

[5] FRANKEL J A, Rose A K. Determinants of agricultural and mineral commodity prices [J]. HKS Faculty Research Working Paper Series RWP10 – 038, John F. Kennedy School of Government, Harvard University, 2010.

[6] KRICHENE N. World crude oil and natural gas: A demand and supply model [J]. Energy economics, 2002, 24(6):557 – 576.

[7] CHEN S S, CHEN H C. Oil prices and real exchange rates [J]. Energy economics, 2007, 29(3):390 – 404.

[8] LIZARDO R A, MOLLICK A V. Oil price fluctuations and U. S. dollar exchange rates [J]. Energy economics, 2010, 32(2):399 – 408.

[9] KILIAN L, VIGFUSSON R J. Do oil prices help forecast U. S. real GDP? The role of nonlinearities and asymmetries [J]. Journal of business & economic statistics, 2013, 38(3):78 – 93.

[10] KILIAN L, MURPHY D P. Why agnostic sign restrictions are not enough: understanding the dynamics of oil market VAR models [J]. Journal of the European economic association, 2012, 10(5):1166 – 1188.

［11］RON A, KILIAN L. What do we learn from the price of crude oil futures？［J］. Journal of applied econometrics, 2010, 25(4):539-573.

［12］CHRISTIANE B, KILIAN L. Real-time forecasts of the real price of oil［J］. Journal of business & economic statistics, 2012, 30(2):326-336.

［13］宋增基,刘芍佳,杨倩,李春红. 中国经济增长对世界石油价格影响的定量研究［J］. 中国软科学,2009(07):56-66+82.

［14］魏巍贤,林伯强. 国内外石油价格波动性及其互动关系［J］. 经济研究,2007(12):130-141.

［15］赵惟,范海兰. 石油价格波动规律及其预警识别体系研究［J］. 中国工业经济,2008(11):66-77.

［16］高新伟,马海侠. 国际油价波动风险预警及管理［J］. 系统工程理论与实践,2013(2):273-283.

［17］韩立岩,尹力博. 投机行为还是实际需求？——国际大宗商品价格影响因素的广义视角分析［J］. 经济研究,2012,47(12):83-96.

［18］田洪志. 中国经济增长影响到国际油价了吗？［J］. 世界经济研究,2015(10):80-89+129.

［19］HAMILTON J D. Oil and the macroeconomy since World War II［J］. Political economy, 1983, 91(2):228-248.

［20］FERDERER P J. Oil price volatility and the macroeconomy［J］. Journal of macroeconomics, 1996, 18(1):1-26.

［21］HAMILTON J D. This is what happened to the oil price-macroeconomy relationship［J］. Journal of monetary economics, 1996, 38(2):215-220.

［22］BARSKY R B, KILIAN L. Oil and the macroeconomy since the 1970s［J］. The journal of economic perspectives, 2004, 18(4):115-134.

［23］KILIAN L. Exogenous oil supply shocks：How big are they and how much do they matter for the U. S. economy？［J］. The review of economics and statistics, 2008, 90(2):216-240.

［24］KILIAN L. The economic effects of energy price shocks［J］. Journal of economic literature, 2008, 46(4):871-909.

［25］BERK I, YETKINER H. Energy prices and economic growth in the long run：theory and evidence［J］. Renewable and sustainable energy reviews,

2014(36):228-235.

[26] KEANE M P, PRASAD E S. The Employment and Wage Effects of Oil Price Changes: A Sectoral Analysis[J]. IMF Working Papers, 1995.

[27] BACHMEIER L J, CHA I. Why don't oil shocks cause inflation? Evidence from disaggregate inflation data [J]. Journal of money, credit and banking, 2011, 43(3):1165-1183.

[28] LEE B R, LEE K, RATTI R A. Monetary policy, oil price shocks and the Japanese economy [J]. Japan and the world economy, 2001, 13(3): 321-349.

[29] LEDUC S, SILL K. A quantitative analysis of oil price shocks, systematic monetary policy and economic downturns [J]. Journal of monetary economics, 2004, 51(4):781-808.

[30] COLOGNI A, MANERA M. Oil prices, inflation and interest rates in a structural cointegrated VAR model for the G-7 countries [J]. Energy economics, 2008, 30(3):856-888.

[31] HAMILTON J D. What's real about the business cycle? [J]. Federal Reserve Bank of St. Louis Review, 2005, 87(4):435-452.

[32] HAMILTON J D. Nonlinearities and the macroeconomic effects of oil prices [J]. Macroeconomic dynamics, 2011, 15(S3):364-378.

[33] RAHMAN S, SERLETIS A. The asymmetric effects of oil price and monetary policy shocks: a nonlinear VAR approach [J]. Energy economics, 2010, 32(6):1460-1466.

[34] EDELSTEIN P, KILIAN L. How sensitive are consumer expenditures to retail energy prices?[J]. Journal of monetary economics, 2009, 56(6):766-779.

[35] BROWN S P A, YüCEL M K. Energy prices and aggregate economic activity: an interpretative survey [J]. The quarterly review of economics and finance, 2002, 42(2):193-208.

[36] LESCAROUX F. Dynamics of final sectoral energy demand and aggregate energy intensity [J]. Energy policy, 2011, 39(1):66-82.

[37] 刘强. 石油价格变化对中国经济影响的模型研究[J]. 数量经济技术经济研究, 2005(3):16-27.

[38]张斌,徐建炜.石油价格冲击与中国的宏观经济:机制、影响与对策[J].管理世界,2010(11):18-27.

[39]JU K, ZHOU D, ZHOU P, WU J. Macroeconomic effects of oil price shocks in China: an empirical study based on Hilbert – Huang transform and event study [J]. Applied Energy, 2014(136):1053-1066.

[40]吴振信,薛冰,王书平.基于VAR模型的油价波动对我国经济影响分析[J].中国管理科学,2011,19(1):21-28.

[41]TANG W, WU L, ZHANG Z X. Oil price shocks and their short - and long - term effects on the Chinese economy [J]. Energy economics, 2010, 32(S1):S3-S14.

[42]DU L, HE Y, WEI C, The relationship between oil price shocks and China's macroeconomy: an Empirical analysis [J]. Energy policy, 2010, 38(8): 4142-4151.

[43]张大永,曹红.国际石油价格与我国经济增长的非对称性关系研究[J].经济学(季刊),2014(2):279-302.

[44]林伯强,王锋.能源价格上涨对中国一般价格水平的影响[J].经济研究,2009(12):66-79.

[45]任若恩,樊茂清.国际油价波动对中国宏观经济的影响:基于中国IGEM模型的经验研究[J].世界经济,2010,33(12):28-47.

[46]魏巍贤,高中元,彭翔宇.能源冲击与中国经济波动——基于动态随机一般均衡模型的分析[J].金融研究,2012(1):51-64.

[47]李霜,简志宏,郑俊瑶.石油价格冲击与经济波动风险最小化的货币供应机制分析[J].中国管理科学,2012,V(2):26-33.

[48]OU B, ZHANG X, WANG S. How does China's macroeconomy response to the world crude oil price shock: a structural dynamic factor model approach [J]. Computers & Industrial engineering, 2012, 63(3):634-640.

[49]FARIA J R, MOLLICK A V, ALBUQUERQUE P H, LEóN - LEDESMA M A. The effect of oil price on China's exports [J]. China Economic Review, 2009, 20(4):793-805.

[50]谭小芬,韩剑,殷无弦.基于油价冲击分解的国际油价波动对中国工业行业的影响:1998—2015[J].中国工业经济,2015(12):51-66.

[51]王朝阳,陈宇峰,金曦.国际油价对中国新能源市场的传导效应研究[J].数量经济技术经济研究,2018,35(4):131-146.

[52]郑燕,马骥.鸡蛋期现货市场溢出效应与动态关联研究[J].中国农业大学学报,2018,23(11):228-237.

[53]ZHANG C, CHEN X. The impact of global oil price shocks on China's bulk commodity markets and fundamental industries[J]. Energy Policy, 2014(66):32-41.

[54]王爽,吕靖,李晶.瓜达尔港通航后的中国进口原油海运路径选择研究[J].中国软科学,2018(5):15-24.

[55]MCCOLLUM M, UPTON G B. Local labor market shocks and residential mortgage payments: Evidence from shale oil and gas booms[J]. Resource and Energy Economics, 2018(53):162-197.

[56]MĂNESCU C B, NUÑO G. Quantitative effects of the shale oil revolution[J]. Energy policy, 2015(86):855-866.

[57]SMITH J L, Estimating the future supply of shale oil: a Bakken case study[J]. Energy economics, 2018(69):395-403.

[58]TAN S H, BARTON P I. Optimal shale oil and gas investments in the United States[J]. Energy, 2017(141):398-422.

[59]SMITH J L, LEE T K. The price elasticity of U.S. shale oil reserves[J]. Energy economics, 2017(67):121-135.

[60]臧雷,李嘉禾,周峰立.页岩油革命与国际原油市场博弈理论模型[J].合作经济与科技,2015(14):126-127.

[61]孙瑞,彭茜,文翎.页岩油渐成石油市场主导力量[J].中国石油企业,2018(5):65-68.

[62]MONGE M, GIL-ALANA L A, GRACIA F P. U.S. shale oil production and WTI prices behavior[J]. Energy, 2017(141):12-19.

[63]宋建宇.页岩油增产限制国际油价升幅[J].中国石化,2018(4):71-73.

[64]BLANCHARD O, GALí J. Real wage rigidities and the New Keynesian Model[J]. Journal of Money, Credit and banking, 2007, 39(S1):35-65.

索 引

B

边际市场 48
波动因素时点分解 4
布雷顿森林体系 68

C

财政政策 8
次贷危机 3
长期合同 48

D

大萧条 30
大宗商品 2
地缘政治 1
定价权 38
多项式分布滞后模型 7
方差分解 62

F

菲利普斯权衡 111

G

格兰杰因果关系 84
工业增加值 44

工资刚性 21
供给学派 34
寡头垄断 38
国际油价波动 5
国际原油定价权 59
国际原油供给 43
国际原油价格 9
国际原油价格动态演化 94
国际原油贸易 87
国际原油期货市场 3
国际原油市场 1
国际原油现货市场 48
国际原油需求 47
国家原油储备 106
国民经济收入核算 123
国内原油市场 47

H

海湾战争 2
宏观经济周期预警 40
话语权 94
货币供给量 37
货币政策 5
货币政策倾向 5

J

计划经济　48

价格刚性　33

间接影响　8

减产协议　50

结构向量自回归模型　4

金融属性　47

金融投机　25

金融危机　3

金融衍生品　43

经济合作与发展组织　84

经济增长的结构性特征　4

经济增长结构　8

经济增长理论　30

经济增长水平　80

经济周期理论　30

K

Kilian 指数　53

卡特尔组织　51

凯恩斯主义　32

L

量化宽松政策　70

流动性　3

M

脉冲响应函数　4

贸易逆差　106

模型预测　18

N

内生性因素　42

O

OPEC　5

OPEC +　53

Q

期货市场　3

清洁能源　80

全球经济活力　139

全球原油产量　26

R

人民币　59

人民币兑美元汇率　112

日本经济　8

日本汽车产业　133

S

三层次递进分析　6

"三驾马车"　117

剩余市场　48

"石油七姐妹"　38

石油输出国组织　31

石油危机　2

时变性效应　121

实际消费需求　6

实际原油价格　16

世界经济活力　44

世界政治经济格局　69

索 引

T

停滞性通货膨胀　2

通货膨胀　2

投机需求　5

投机资金　76

V

VAR 模型　41

W

外生性因素　36

WTI 油价　15

X

现货市场　48

限产协议　51

消费需求　3

新发展格局　80

新古典经济学　32

新古典综合学派　32

新剑桥学派　33

新兴经济体　1

Y

页岩气　32

页岩油　3

页岩油产量　3

一揽子政策　70

异质性效应　8

异质性影响　8

油价波动　1

油价冲击　4

油价冲击抵御能力　123

油价冲击效应　6

预防需求　17

原油　1

原油定价权　38

原油对外依存度　1

原油供给　2

原油禁运　2

原油市场　1

原油需求　3

Z

政策倾向　5

直接影响　8

中国经济的景气趋势　104

中国原油期货　94

中国原油期货市场　147

中国原油消费　25

总体影响　11

后　记

1859年8月，美国人德雷克上校在宾夕法尼亚打出了第一口现代工业油井。自此，原油正式登上人类发展舞台。1973年10月，第一次石油危机爆发，工业国急速上升的物价与失业率给其经济带来了严重影响，油价波动的威力开始引起各界的普遍关注。从霍尔木兹海峡川流不息的远洋输油轮船，到各地炼油厂中轰鸣的石化生产线；从昼夜摆头的抽油机，到纵横千里的输油管道，无不勾勒出石油世界的雄美壮阔。

而"工业的血液""黑色的金子"等称呼是人们对石油经济价值和社会价值的形象比喻。"石油美元""石油战争""石油危机""石油外交"等热词则反映出当代石油与世界各国经济发展、安全稳定之间的紧密关系。因此，石油问题因其重要性、复杂性值得深入研究。

中东产油区是世界宗教、历史、地理等矛盾的重叠区，被誉为世界的"火药桶"，原油的供给安全、价格起伏往往成为各类冲突的"导火线"，随时可能引爆局部战争。可见，原油已成为世界发展中的最不稳定变量。

本书总结了笔者2008年以来的一些思考，具体就油价波动的原因、油价波动的经济影响、政策当局对油价冲击的政策反应、计量方法的新拓展等方面进行了深入研究。虽然原油价格波动造成的经济影响在进入21世纪后有所减弱，但是国际油价波动的原因却愈加复杂、波动幅度愈加剧烈，其金融属性的新表现使原油逐渐脱离能源经济学领域，发展成为能源管理学、能源金融学研究的新宠儿。而随着近些年气候、环境问题的日益严峻，原油消费后的外部性问题成为学术界新的研究热点，新形成的低碳经济学等学科依旧将原油相关问题列为重点研究对象。因此，在人类彻底停止使用原油之前，原油依然值得学术界关注与研究。

虽然本书中的相关问题研究已经告一段落，但是在书稿的总结整理阶段，我又萌发了对大宗商品国际定价权问题的研究兴趣和思考。作为本书的后续研究，未来我将继续深耕原油等大宗商品的价格问题，特别将从如下两个方面进行深入研究：一方面，就大宗商品的定价权理论进行研究。中国目前并不具有与日益增强的经济实力相匹配的国际话语权，而西方国家是大宗商品定价权的既得利益者，西方经济学中对于定价权问题讳莫如深，未来我将研究定价权理论问题视为己任。另一方面，就资源矿产类商品价格的产生、定价问题进行研究。马克思主义经济理论认为商品的价值产生于人类劳动，对于石油、天然气等这些自然界形成的资源的价值问题、定价问题，理论界尚未展开深入研究。因此，资源商品价格的生成问题将会是我未来研究的主要方向之一。

我要感谢西安财经大学副校长任保平教授对本书提出的修改意见，感谢西北大学副校长、经济管理学院院长吴振磊教授，副院长师博教授在本书出版过程中的帮助。我的研究生李慧、罗浩、魏潇洁、李同欢、高捷参与了书稿部分的格式以及资料的整理工作，对各位学生的认真工作表示感谢。最后，感谢中国经济出版社贺静编辑细致、热心的工作。